藤村正宏
Masahiro Fujimura

なぜ彼女はこの店で買ってしまうのか

女に愛されて儲かる5つの法則

PHP

はじめに

「最近お客さまの数が減ってきたような気がする」

「客数を増やすにはどうしたらいい？」

「なんとなく売上が落ちている」

そういう不安をもっている経営者の方やお店のオーナーがけっこういます。

ただ不安がって、頭を悩ませていれば売上があがるか？

そんなことありませんよね。

そうです、「集客」をしなければ売上はあがらないのです。

黙って待っていても、もう売上はあがりません。
黙って店を出していても、もうお客さまは来てくれません。
黙っていい商品を売っていても、誰も買ってくれません。
今はそういう時代なんです。
だから集客しなければね。

「需要」が少なくなっている時代です。

商品を並べていたら売れる時代はもう終わったのです。

「モノ」が余っている時代です。

消費者はもう満腹なのです。もうモノはいらないと思っているのです。

「店」が多すぎる時代です。

お客さまはどの店で買ってもいいのです。

人口が減少していく時代です。

これからはそれに合った考え方が必要です。

もう右肩あがりの経済成長は、望めない時代です。

人口が減っているのですから、当然です。

そう、今はこんな時代なんです。

だから売上をあげるためには、集客しなければならないんです。

そして、集客するためには……、

あなたからお客さまに、何らかのアクションを起こさなければならないのです。

だってそうですよね。

お客さまは、別にあなたの会社とつきあわなくったって、いいわけです。

お客さまがみんな飢えていて、あなたの会社に食べ物がたくさんあったら、それはつきあってくれるでしょう。

でも、ちがいますよね。

差し迫った理由はな～んにもない、そういうお客さまがほとんどなんですよ。

そういうお客さまに、あなたの会社とつきあってもらうためには、理由を教えてあげなければならないのです。


そう、あなたの会社とつきあう理由を、です。


昔のことを思い出してください。

好きな女の子がいて、その子とつきあいたいと思っていたとします。

そんなときに、黙って遠くから見ていたら、その女の子とつきあえると思います？

ま、偶然が重なって、つきあえる可能性もあるかもしれない。

でもそんな確率、ものすごく少ないでしょ？
そんなとき、ラブレターを書いたり、電話で誘ったりしませんでした？（今はケータイとかメールがあるから、楽ですよね～）
そうじゃないと、こちらの思いが伝わらない。
お客さまも、同じなんですね。

こちらからアプローチしないと、取引してくれないし、売上だってあがらないんです。

では、お客さまとつきあうためにはどうしたらいいのか。

お客さまに好きになってもらって、愛してもらって、相思相愛になることです。

では、お客さまに好きになってもらって、愛してもらって、相思相愛になるにはどうしたらいいのか。

本書を最後まで読んでいただければ、その答えは自ずとわかるでしょう。

キーワードは、**「女性」**、そして**「恋愛力」**です。

さあページをめくって読み始めましょう。

あなたのビジネスが圧倒的に輝き、あなたと、あなたの大切な人たちがしあわせになるヒントに出会えることを心から祈っています。

なぜ彼女はこの店で買ってしまうのか◆目次

第4章 儲かるお店は「関係性」を売っている！

装幀――松　昭教
装画――ボンジュール・クボ

序章

マーケティングとは「恋愛」である

1 お客さまと恋愛してますか？

ようこそ「マーケティング進化論」の講義へ！

進化論の本質は、

「進化できないものは滅び去る」

ということです。

進化しなければ、その種は滅亡する。

変化した環境に対応しなければ、滅びちゃうってことです。

「パチン！」


スイッチＯＦＦ。

おしまいです。

パラダイムシフトが起こったんです。

今までの方法論、今までの概念でビジネスをやっていたら、とっても効率が悪く、うまくいかなくなってしまった。

見渡してみると、こういうことになっている会社が多い。

ビジネス環境が変わっているのに、それに対応していない、そういう会社です。

だから、いくらがんばっても、業績がよくならないし、働いても、働いても、豊かさを実感できない。

そういうことになっている。


今までの考え方や、やり方ではダメなんです。

バブルが崩壊して、もう十数年、未だに不況は続いています。

確かに大企業を中心に回復基調に転じているという見方もあります。

でもね、それだって、下請けへの厳しいコスト削減と、非情なほどの従業員のリストラ、中国特需などの上に成り立っている、砂上の楼閣みたいなものに見える。

まだまだ、本質的な復活にはとうてい至っていない。

日本経済の現在の閉塞感は、これまで僕たちが経験してきた不況とはちがうんですね。

根本的な概念の変更を求められているんです。

まさに、

「マスの時代の終焉」

っていうことです。

これは、社会の目的が「生産の増強」や「大量消費」じゃなくなったってことです。

もう消費者は物質的豊かさを求めていないってことです。

無限の市場を求め続け、国民すべてが自分の客だという幻想をもち、モノを売るためだけの拡大戦略をひたすら走りつづけたダイエーの中内㓛氏。

デフレの寵児《ちようじ》といわれ、低価格戦略の罠に陥り、これからはインフレになると方向転換したが、それがさらに傷口を広げ退陣していった日本マクドナルドの藤田田氏。

西武王国を作りあげたが、そのあまりにも自己中心的な経営で自分の首を絞め、20世紀の廃墟のような時代遅れのデザインのホテル群と、赤字のリゾート開発だけを残し、官憲の手に落ちてしまった堤義明氏。

傲慢とも思えるほど独自の形式にこだわり、同じ轍《てつ》を何度も踏んで、独自性を失くしていったソニーの出井伸之氏。

「無限の市場」を目指したマスの時代の主役たちは、舞台を去っていきました。

みんな、「マス」の方法論から抜け出せなかった。

レギュレーション（規定）が変わったのに、それに対応する方法論に進化できなかった。

マスマーケティング、マスプロダクツ、マスマーチャダイジング、マスコミ……、そういった、マスの方法論が効力を失ってきている。

まさに、

「マスの時代の終焉」

なんです。
でも、そのパラダイムシフトの先、それがなかなか見えない。
マスの時代が終わって、次にどういう時代になるのか？
それが問題になっている。
多くの企業が、それを求めて迷走しているように感じられます。
パラダイムシフトの次、それはズバリ！

「人間の時代」

です。
モノがあふれ、豊かになった日本の消費者は、もう満腹状態です。
そういう消費者に、モノを買ってもらうには、今までのやり方では効果がない。
マーケティングのやり方を変えなければならないんです。

マスマーケティングは理屈でした。

消費者が「理性」でモノを買ったり、お店を選んだりしているという前提で、マーケティングをしているということです。

でもね、マーケティングは理屈ではなく、もっともっと人間的なものなんです。

だって、基本的に人間は、理性でモノは買いませんよね。

「欲しい」と思うから、買うわけです。

そうです、**「感情」**で消費するのです。

いきなり「理性」でモノを買っている人は少ない。

ところがマスマーケティングの手法では、人間の感情より理性のほうを重視していた。

「定性調査」とか「標本調査」などを実施して消費者のニーズを調べようとしたり、「POS対応」とか「棚割」などで販売効率を上げようとしたり、数字だけのデータで営業戦略を考えたり、年齢層だけでターゲットを設定して商品開発したりしていた。

確かに、そういうことも有効です。

でも、それだけでは充分じゃないってこと。

消費者は「感情」で消費しているということを頭に入れていなければ、そういう方法も万全ではないのです。

何か欲しいと思うのは、「感情」です。

だからモノを買ってもらうためには、人間の感情に訴えかけることが、とても重要なことなのです。

それはワクワクドキドキする感情のマーケティングです。

では、お客さまの感情をワクワクドキドキさせるには、何が必要だと思いますか。

ズバリ！　それがこの本のテーマにもなっている**「恋愛力」**なんです。

恋愛力とは、文字通り、「お客さまと恋愛する力」です。

お客さまにあなたを、あなたの会社を好きになってもらって、ワクワクドキドキさせて、ずーっと相思相愛でつきあっていく。

言っておきますけど、お客さまにモノを売ろうとしてはいけませんよ。

間違わないでくださいね。
それじゃ、これまでのマーケティングと同じになっちゃいますからね。

ワクワクドキドキしてもらう。
感動してもらう。
そして、好きになってもらう。
結果、モノやサービスが売れていく。

それが**ビジネス恋愛力**です。

もう1つ、付け加えたいことがあります。
ここでいう「お客さま」とは、主に**女性**を指します。
ですから恋愛力をより正確に言うならば、

「女性のお客さまと恋愛する力」

です。

なぜ、女性のお客さまなのか。

詳しい理由は、これから徐々に解説していきますが、ここで1つあげるとすれば、それは、社会が**女性化**しているからです。


これからの時代、ビジネスで成功する上で、女性を味方につけるとつけないとでは、大きな差が出ます。

女性を味方につけることができれば、あなたのビジネスは大きく飛躍します。

そのために必要なのが「恋愛力」です。

女性は「理性」で消費するのではなく、「感情」で消費する。

だから、あなたも「感情」に注意をはらわなければならないのです。

感性を豊かにしなければなりません。

お客さまが感情で消費するのだったら、売るほうも感性を豊かにしなければならないですよね。

ワクワクドキドキしなければならないのです。

お客さまに恋をしましょう。
仕事に恋をしましょう。
自分の商品に恋をしましょう。

恋するビジネス。
そう恋愛マーケティングです。

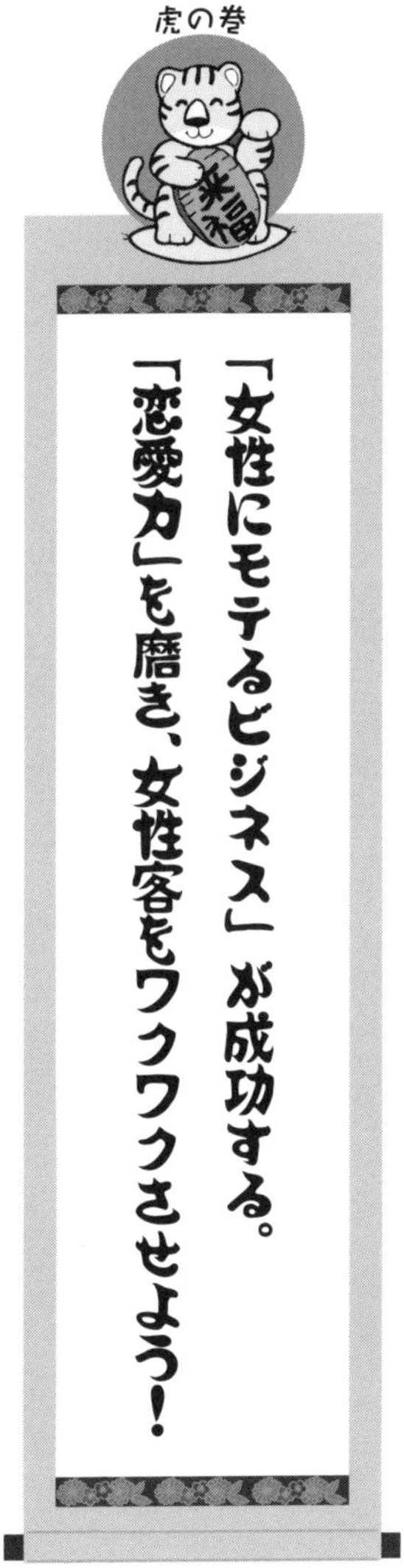
虎の巻
「女性にモテるビジネス」が成功する。
「恋愛力」を磨き、女性客をワクワクさせよう！

第1章

女性をワクワクさせるお店が繁盛する!

1 女性のバッグの中を覗いたことありますか？

恋愛マーケティング。
それは女性客を虜にさせる売れるしくみ。
なぜ、恋愛力なのか。
なぜ、女性客なのか。
それは、

「女性が、あらゆる消費の80％もコントロールしているから」

そう言われてどう思います？
「そうそう、そうだよね〜」と納得する人。

「え？　ホントかよ？」と猜疑心《さいぎしん》がよぎる人。
いろいろな反応があると思いますけど、本当のことなんですね。
シンプルに考えてみると、納得しますよ。
それは、

「女性はもち物が多い」ってことです。

女性のもっている物って多いですよね。
以前、男性２人女性２人で、３泊４日の出張で北海道に行ったときのこと。
待ち合わせ場所の羽田空港に現れた女性を見てびっくり。
僕たち男は荷物が少ないのに、女性は２人とも大荷物だった。

確かに男性に比べ、女性はモノを多くもっていますよね。
服だって、男性のものよりも種類が多い。
男性の服とはまったくちがう。

男性はジャケットとパンツだけだけど、女性の服はいろいろな形のスカートやいろいろな形のブラウス、さらにパンツスーツやドレス……、きりがないほど種類がある。

下着の種類だって、男性とはあまりにもちがいすぎ。

男性はトランクスとブリーフ、シャツくらい。

女性はブラジャー、ショーツ、ガードル、スリップ、キャミソール、ボディスーツ、パンスト……、他にもたくさん。

これが化粧品になると、もう差は歴然ですよ。

比べられない……。

靴なんて、下駄箱を開ければ一目瞭然。

イメルダ夫人の例をいわなくとも、テレビによくある豪邸のもち主の紹介番組なんかにでてくる靴の数なんて信じられないですよね。

「おいおい、何本脚があるんだよ？」

って突っ込みを、何度テレビに向かって言ったことか。

モノが多いということは、**男性より購買機会が多い**ということなんです。

男性より買い物をすることが多いということですよ。

婦人服、婦人雑貨売場の面積を比較してもわかります。

デパートに行ってみて。もう全然ちがうから。


それに、買う頻度。

なぜか、すぐ買い換える。

服が替わればハンドバッグから靴、アクセサリー、時計、すべてを替えたい。

奥さんやガールフレンドのハンドバッグの中身を見たことありますか？

こんなものまで……と思うようなモノも入っているでしょ。

携帯電話やスケジュール帳、化粧品はもちろん、バンドエイドとか、頭痛薬とか、ガムや飴ちゃん、ビニール袋、青草軟膏⁉︎（ガールフレンドに聞いたら、台湾のお土産で、虫刺され、かゆみ、頭痛、などに効く万能の軟膏なんですって）……。

置き場さえあれば、とめどもなく所持品は増えていくんですね。

購買の意思決定というと、自分のもち物だけではないんです。

毎日消費する日用品の購入も女性が決定する場合が多いですよね。

食料品もそう。

米を買うにしても、どのブランドを買うか？　何キロ買うか？　どの店で買うか？　いくらで買うか？　いつ買うか？

食料品は品数も多いし、毎日消費されるから、膨大な購買の機会があります。

それも日常定期的に消費する塩や醬油のようなものから、おかずの材料までともなると、ものすごく種類が多い。

決定に特別の考慮を要する贅沢品も、けっこう購買機会は多い。


デパ地下のあの活気。

あそこでも、重大な意思決定が瞬時に下されています。

「奥さん安いよ、安いよ！」

なんていう呼び声も、女性は瞬時に判断しているわけですよ。

他の店との比較なんかできもしない亭主が、うっかり口を出すと、ぴしゃっと判決を言い渡されるってことになる。

子供の使うものは、これこそ母親の購買の意思決定を経て供給されています。

紙おむつの銘柄から、サイズ、どこが安いか、などなど。

安かったからなんて言って、亭主が買って帰ったりすると、「どこに置くの？」なんて激しく叱られちゃうんですね。

成長するにつれて、学用品はもとより、塾はどこがよいか？　お稽古ごとはどの程度までやらせるか？　お隣とのバランスまで考えて、つぎつぎに思い悩みながらもどんどん、決定していくんです。

「あなたはちっとも、相談に乗ってくれない」

なんてのは、どの家でも常套句《じょうとうく》でしょうが、決定権を渡しますなんていう意思表示ではないんですよね。

これだけの意思決定をしているんだ、という自己確認の「勝ちどきの声」と認識するほうが正解かもしれません。

サービス分野もあります。

月極や年決めで請求書のくるものがいっぱいありますよね。

保険や医療もそう。

歯医者で、どこまで治療するかなどはけっこうむずかしい問題でしょ。

歯医者さん側でも頭を抱えているらしいですよ。

素人の方が、キチンとした医学的な知識もないまま、治療内容について口をだしてくるそうです。

昔はほとんど歯医者さんにお任せというか、治療台に座ったら、歯医者さんの意のままだったけど、現在はわからないくせに、患者側が決定をしているって話。

まあ、意思決定に過剰な自信ができたのかもしれません。

人生で最大の買い物になると、もうこれが顕著になるんですね。

そう、「家」。

僕のお客さまに「土屋ホーム」っていうハウスメーカーがあります。

普通の家よりは高価な、性能のいい外断熱の家を売っているのですけど、ここの営業部長の横井さんが、駒沢公園のショールームで僕に語ってくれました。

「奥さんの意向が、ほぼ100%決定要因になります」

100%に近いんですって！

横井さん、つづけて、

「決定権というか、拒否権があるんですよね。それが一番コワイですよ」

確かにコワイですよね。

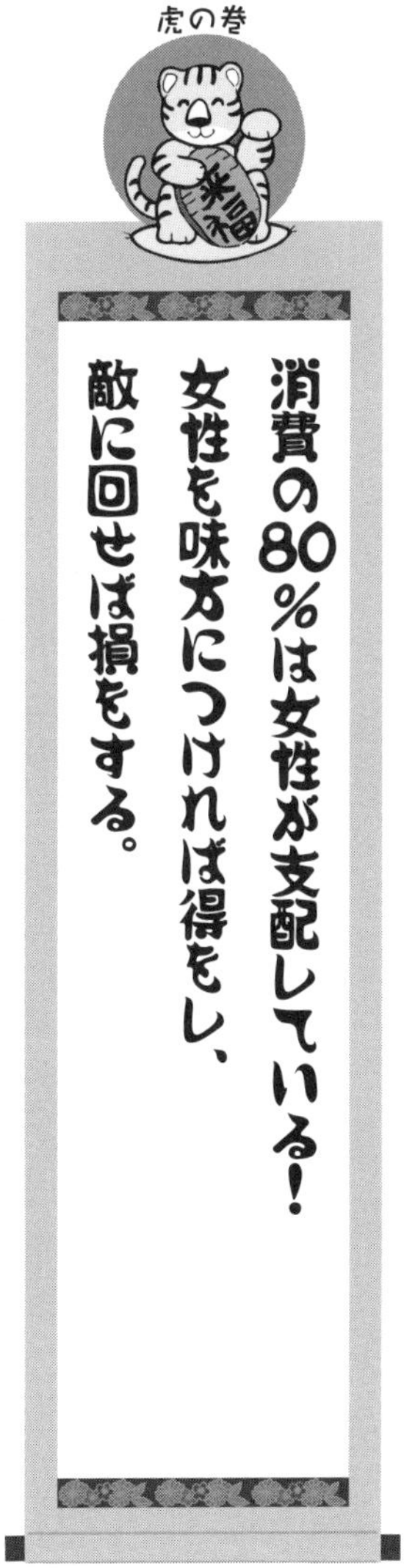
虎の巻
来福
消費の80%は女性が支配している！
女性を味方につければ得をし、
敵に回せば損をする。

2 奥さんの同意なしで、モノが買えますか？

さらに、「あ、やっぱり女性に受け入れられないと、これは死活問題だ」って認識することがあるんですね。

それは決定の数ってことです。

消費に関連して、あなたの奥さんや彼女がどれだけ消費の決定をしたか、くらべてみてください。

男性と女性では、圧倒的に消費の、

「決定機会」

がちがうってこと。

念のため言っておきますけど、金額じゃないですよ。

あなたが100億円プロジェクトのリーダーで、大きな購買の決定権をもっていても、機会の数では奥さんや彼女にはかなわないってこと。

あなたが毎日、取引業者に何千万円も発注している立場でも、あなたの隣に座っている部下の女性にはかなわないってこと。

「購買の決定」というと、大げさな言葉だけど、キュウリを3本買うにしてもあてはまるんです。

購買のチャンスにおけるチェック機能っていうことです。

他店より安いか？

前回買ったときより鮮度はどうか？

今夜のおかずに何本いるか？

色はどうか？

農薬は？

誰か見ていないか？

恥ずかしくないか？

損はしないか？

後悔はしないか？

売場のおばさんになんて思われるか？

今月の予算はどのていどの不足で収まるか？

レジに行って手もちのお金に不足はないか？

などなど……。

一瞬にして購買決定の諸要件を脳内でチェックしているんですよ。

基本的には、あなたが大プロジェクトでチェックしている項目とあまり変わりませんね。

経験に基づいて、部下に偉そうに言っていることを、女性は脳内で頻繁に繰り返しているわけです。

それもほとんど毎日。

脳の中での繰り返しは大きいですよね。

まず、そのスピードがまったくちがう。

とんでもないチェック項目まで瞬時に呼び出してくるんですからね。

経験したことありませんか？

あの機関銃のような言葉の弾丸。

それもけっこう的確なんですよ。

どうしよう、なんて思っている間に、次のチェック項目に移行しているからね。

「また石丸電気で、そんなモノ買ってきたんですか？」

「前にカメラのキタムラで買った、ほら、白い四角いのがあるでしょう。あれ、3回しか使っていないですよ」

「何だか知らないけど、あなたが買うのは新しいものなら何でもいいんだから。世の中の新製品を全部買っていたら、この家に入りきらないでしょう」

ここで言いたいことは、最初にも言ったように、女性は購買の意思決定の機会が男性より圧倒的に多いということなんです。

機会が多いと脳に蓄積された試行数が多いので、スピードが速く、チェック範囲が桁違いに広いっていうことです。

圧倒的な差があるから、各戦場でのいくさで、男は負けてしまうわけ。

負けると自信がなくなるから、適当な理由をつけて、サレンダー（降参）してしまう。

負けるが勝ちとかいってね。

要するに決定権を奪われてしまうわけ。

伝わってます？

購買の意思決定をするというのは、何もスーパーに行って、品物を選び、レジでお金を払うということだけではないんですよね。

カメラのキタムラでご主人が、自分のクレジットカードで支払う場合でも、それまでに何日も、いやもしかすると何カ月もかかって、奥さんの同意を得ている場合がほとんどだってことなんです。

同意が必要というのは、拒否権があるということ。

買うときには拒否しなくても、買ってから毎日のように嫌みを言われたり、置き場所などで意地悪をされたり、出来もしないことを言われたりすることも含んでいるから、なかなか問題は深いんですよ。

「これはここにはしまわないで。片づけてくださいよ」

なんてのも、拒否のうちに入るし、

「しまうところなんか、他にはないじゃん」

なんて言ったら、待ってましたとばかり、機関銃が乱射されちゃう。

結局次回からは、それとなく、同意を得るようにするわけ。

それに比べると、女性の化粧品の購入について、口をはさむ男性がいますか？

あまりいませんよね。

少なくとも僕のまわりには、そんな大胆不敵なヤツ、ほとんどいない。

内容がわからないってこともありますけど、そんなことに口をはさんだら大変ということを知っているからですよね。

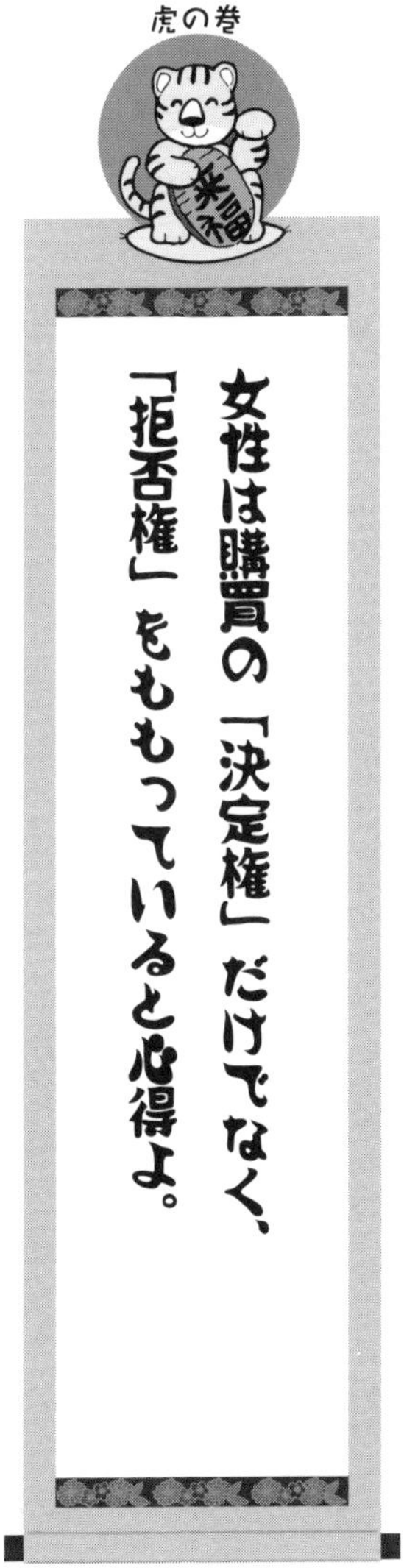
虎の巻
来福
女性は購買の「決定権」だけでなく、
「拒否権」をももっていると心得よ。

3 トランクスだって、女性の意向次第なんです

男性がターゲットの商品も、女性の意向に左右されます。

たとえば紳士服。

紳士服売場に1人で来ている男性は、ものすごく少ないですよね。

大抵、奥さんやガールフレンド連れ。

紳士服を買うのも女性が主導権をもっているってことです。

それは予算をもっているというだけでなく、そろそろ服がくたびれてきたから、買ったらどうかなどというのも、女房族が判断をしているってこと。

細かいことによく気が付くし、チェック機能は完璧です。

あの服を着せておくとどういう結果になるか、隣の奥さんに偶然見られたらどう判断さ

れるかなど、瞬時に判断する機能がついている。

ご主人も任せておいたほうが安心という考えが働くわけです。

紳士服売場の男性の顔、なんとなく冴えないって思いませんか？

着せ替え人形をやらされてね。

「めんどくせーな。早く終わらないかな」という顔をしているでしょ。


今までは車やパソコンなどは、男性がターゲットといわれていました。

調べてみると、今はそういった商品でも、女性に支持されなければヒットしないそうです。

この間、ガールフレンドのひとりが新しいPCを買ったんですけど、彼女はデザインがいいという理由で「バイオ」を買ったんです。

でも最初買いに行ったときに、お気に入りの色がなかったので、買わなかった。

わざわざ、その色を取り寄せてもらって、買うんですね。

これって、男性じゃあまり考えられない行動ですよね。

確かに女性は、PCを選ぶときでも、第一にデザインを気にして、あまりスペック（性能・能力のことです）は気にしません。

パソコンの売上台数の50％弱は、女性が買っているというデータもあるんですね。

車の購入権も女性に移りつつあります。

僕の後輩で、独身時代は「スカイラインGTR」に乗っていて、バリバリに「走り屋」だったヤツが、結婚して子供ができたら、ワンボックスカーに買い換えていたことがあります。

車も、奥さんの意向で買われている。

世の男性がだんだん、哀れになってきますね。

どうしてこんなにも決定権が移ってしまったんでしょう。

「好きな車くらい、自分で選ばせてあげてよー」って言いたくなる。

徴兵制があったころは、いざというとき、この人が戦地に行って、お国のために命を捧げるんだと思っていたら、楽しみにしている車選びくらいは、自由にさせてあげたいって考えたんでしょうけどね。（笑）

それが、普段の細々したできごとに対する対処の仕方で、いちいち勝負をさせられると、男の負けがこんでくる。

結果としてしょうがないなと男性自身も思うようになり、ついに聖域までなくなってしまったというのが現実なのかもしれません。

あれだけ車の性能にこだわっていた男性が、結婚すると、「ゴールデンレトリバーを乗せられる赤い車がいいなんてワイフが言っているんです」なんてセリフをショールームで言っている。

なんだかここまでくると情けないっていうのを通り越して、可愛いって思えるから不思議です。

データによると、**自動車販売台数の約40％を女性が購入し、80％が女性の意見に左右されている**んですね。

この間、知り合いのパチンコ・コンサルタントが言っていました。

何と、パチンコ屋も女性の意向次第なんですって。

中にはプロ的に通う男性もいますが、そういう人は、何も宣伝までして来てもらわなくてもよい人たちでしょ。

女性に向けてのメッセージが重要だそうです。

女性が暇になったこともあり、けっこうレジャー気分でパチンコ屋に通うようになっているんです。

だから、

「女性を対象にした店の雰囲気作り、景品のマーチャンダイジング、プロモーションなど、ものすごく重要なんですよ」

と、そのコンサルタントは言っていました。

男性ターゲットの商品も、女性に受け入れられなかったら、売れないってことなんですね。

さらに、女性が消費の中心だっていうことを、目の当たりにできるところがあります。

ホテルのバイキング。

ランチ・バイキングとか、ケーキ・バイキングだとか、デザート・バイキングとかが、たくさんの人を集めて人気です。

「実は政府の陰謀で、本当はバブル時代より景気がいいのに、それを隠していて、国民にお金を使わせないよう、情報操作をしているんじゃないだろうか。きっとそうだ。だってここに来ているおばさんたち、こんな高い昼飯食べて、おまけに今、午後3時だぜ、こんな、レストラン業界では『恐怖の空白時間』といわれる一番忙しくない時間なのに……、あーあー、あんなに大口あけて、ぺちゃくちゃしゃべって、旦那は今頃会社で仕事しているだろーに」

なーんて思っちゃうくらい、繁盛しています。

来ているお客さまは、圧倒的に女性が多い。

「おいおい、おじさんたちの集団はいないのかぁ？」

おじさん含有率は、ものすごく低い。

「本当に男はいなくなったのかぁ？」と思いたくなるような光景。

「男は稼いで、女が消費する」

なんだかそういうのを象徴しているような、光景です。

80％以上の消費が女性によって決められているのだったら、女性の心をつかまえることと、消費者の心をつかまえることは、同義語ってことになりますよね。

そうなんです。

「女性にモテる」ことと**「女性に消費してもらう」**ことというのは、基本的にはとっても似ているってことなんです。

「恋すること」と「マーケティング」はとても似ている。

だからこの不況から脱出するためには、女性にモテる会社になって、女性の心をつかまえるのが近道ってことなんです。

それが不況から脱出するための、方法です。

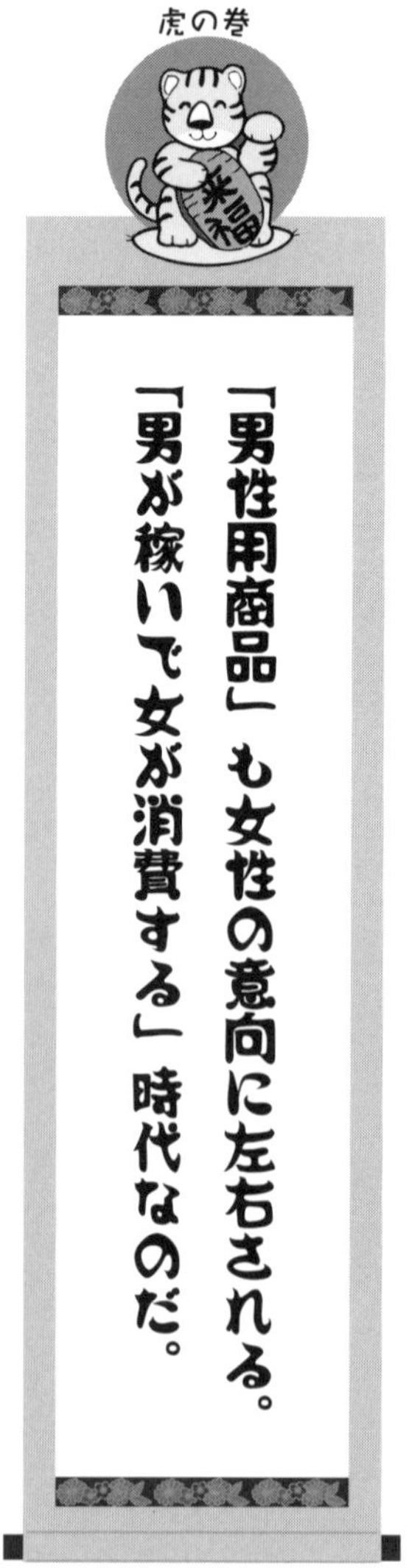
虎の巻
来福
「男性用商品」も女性の意向に左右される。
「男が稼いで女が消費する」時代なのだ。

4 女性に愛されると、万人に愛されるんです

女性に受け入れられると他にもいいことがあります。

それがきっかけで、ブームになったり、ヒットしたり、老若男女に売れるようになるということ。

それを象徴的にあらわしている街があります。

ここ数年、様相が、がらっと変わった街。


東京の丸の内。


「丸ビル」が改築されてオープンしたのが2002年9月。

「丸ビル」人気は一段落して、落ち着いてきたけど、街はずいぶん変わりました。

丸の内といえば、ビジネスのメッカ。

ドブネズミ色の「スーツ」という戦闘服に身を固めた、ビジネス戦士の聖域だった。

土曜や日曜に行くと、まるでゴーストタウンのテーマパークの様相を呈していた、あの丸の内が、すさまじい変貌ぶり。

丸の内にショッピング目的で女性が来るなんていうのは、イスラム教のメッカにイスラエルのシャロン首相が訪れるくらい、考えられなかったことです。

ところがここ数年、丸の内が変わったんです。

そう、女性があふれている……。

エルメス、ティファニーなどの高級ブランドが建ち並び、有名シェフのレストランが出店、年末には「ミレナリオ」というイルミネーションイベントに、たくさんの人が訪れる。

街が活気づいています。

僕の友人で、丸の内スリーダイヤ関連企業に勤務している、野村課長が、やれやれって感じで言っていました。

「土曜日に休日出勤しようと自家用車で行くと、自分の会社の駐車場に入るのに並ぶんです。ウチは丸ビルの特約駐車場になっているんですよ。ちょっと前までは、こんなことになるなんて思ってもみませんでした」

そう、ビジネスの中心街だった丸の内は、完全に女性に占拠されてしまった。

戦闘スーツに身を固めたビジネスマンが闊歩《かっぽ》する代わりに、シャネルやグッチでドレスアップした女性たちが「丸の内族」になっています。

なんだかすごく象徴的な光景ですよね。

野村課長が、土曜日に休日出勤しているときに、女性たちが、同じ場所でショッピングをして、ランチを楽しんでいる。

男性は忙しく仕事をしてお金を得る、女性はそれを消費する。

この丸の内。確かに女性をターゲットにした街づくりをしていた。

でも、それが結果的にたくさんの人を集めているってことなんですね。

それだけでなく、人々の流れが変わった。

人々が近隣の街、たとえば大手町や有楽町にも回遊するようになっているんです。

人が移動するってことは、そこにビジネスチャンスが生まれる。

丸の内と大手町と有楽町を回遊する無料のバスもあって、年間36万人以上の人がそのバスを利用している。このバスは２００３年の8月から運行しているんですが、最初の頃は、

「丸の内に遊びに来る人なんてそんなにいるのか?」

と、懐疑的な意見が多かったそうです。

でも、現在の隆盛ぶりを見ると、それが杞憂《きゆう》だったってことは明らかです。

このように、**女性に受け入れられると、万人に受け入れられる**こともあるんです。

だから、やっぱり女性に受け入れられるようなマーケティングが必要なんですね。

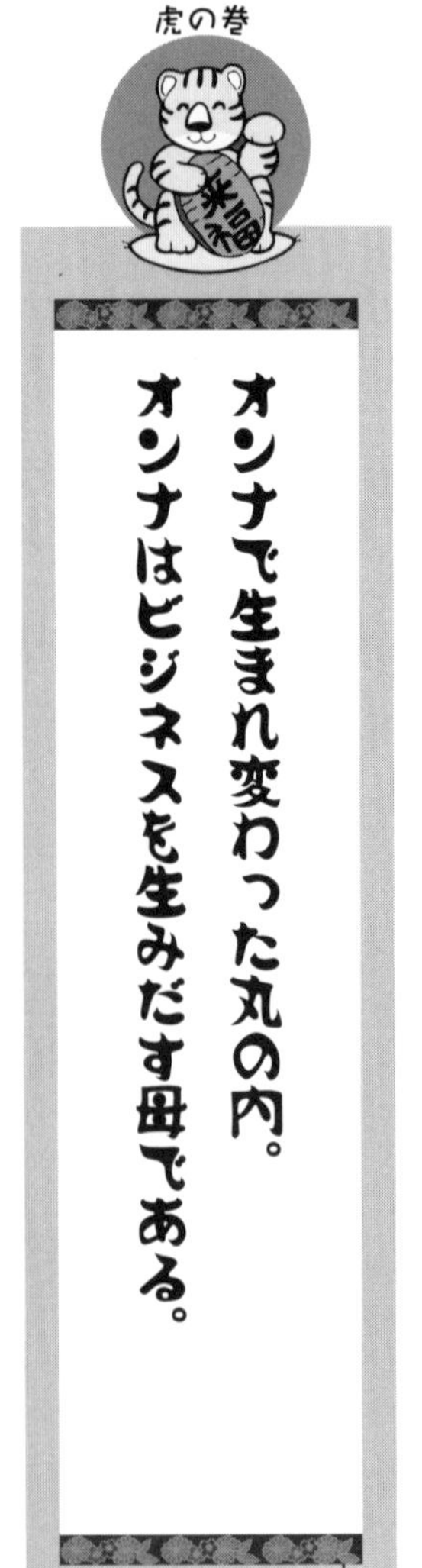
虎の巻
来福
オンナで生まれ変わった丸の内。
オンナはビジネスを生みだす母である。

第2章

なぜ女性にモテるお店は儲かるのか？

1　恐るべし！　リュックおばさんの財布保有率！

最近、ホテルのレディースプランに代表される、女性優遇サービスに、

「媚《こ》び過ぎなんじゃないのぉ」

と不公平感を覚える男性諸氏が多いですよね。

な～んて断定してしまったけど、そう思っていない人も、話の行きがかり上、そうだと思って聞いてください。

「不公平だ！」

僕もそう思うことが、たくさんある。

数々の企業が、女性客獲得の企画に、躍起になっているよね。


「なんだよ。女に媚びて、そんなにメリットがあるのかよ？」


と、レストランの女性限定メニューを注文して、断られ、くやしい気持ちを隠しきれず、地団駄を踏んでいるおとうさんをよく見かける（見かけないって）。

そういうおとうさん、文句を言いたくなる気持ちもわかる。

でもね、やっぱり女性客に媚びたほうが、われわれ男性を相手にしているよりいいことがあるんですね。

その大きな理由は３つ。

①女性客は２人以上の複数で来ることが多い
②クチコミしやすい
③気に入るとリピートしやすい

ということなんですね。
それぞれについて考えてみましょう。
まず1つめ。

「女性客は2人以上の複数で来ることが多い」

ということ。
女性はグループで行動することが多い。
そう思いませんか？
これは、女性の、

「帰属欲求」

が強いということに関わっているんですね。

帰属の欲求というのは、コミュニティに参加したりコミュニティを作ったりしたがるということ。

だから、映画を観るのも、ホテルのデザート・バイキングに行くのも、必ず2人以上、3人以上で消費してくれるってわけです。

そのほうが売上があがりますよね、当然。


2人以上のグループで行動する女性の実態を、目の当たりにした経験があります。

書かなければならない原稿が溜まり。

企画しなければならない物件も溜まり。

それだけじゃなく、講演の仕事も迫っていて、もうかなり精神的に追いつめられていたときのこと。

「あ〜あ、頭がごちゃごちゃだ。これじゃ、やばいぞ」

と思っていると、美術館の「印象派絵画展」のタダ券があったのを思い出したんですね。

「あ、これに行こ」

と、ガールフレンドに連絡し、早速仕事を中断して行くことにしました。

東京の郊外にある、印象派などの西洋絵画を多くもつ美術館。

そこは郊外まで電車に乗って、さらに最寄り駅からバスで20分ほど行ったところにある、アクセスがよいとは決して言えない美術館です。

「平日だし、そんな混んでいることもないだろう」と、昼頃着くように、家をでたわけです。

駅に着いてバス停に行くと、

「な、なんだ?」

他のバス停はすいているのに、その美術館行きのバスは、年配の女性の長蛇の列ができていたのです。

バスが来て乗り込むと、もう満員。

圧倒的にすごい……。

リュックを背負って、腰にはポシェットをつけ、帽子をかぶったおばさんたちのこのエネルギー……。

僕もガールフレンドも、そのおばさんたちに圧倒されて小さくなっていた。

大きな声で「それがさあ」「そうなのよお」と話しながら、揺れる体を、足を肩幅と同じくらい開いて踏ん張る女性でいっぱいになったバスは、山道を進んで行きました。

みんなどこへ行くのだろうと思っていると、なんとそのほとんどが、僕たちの行こうとしている美術館が目的地だった。

美術館は山の中に忽然《こつぜん》とあらわれた巨大なお城のような建物。

入り口は、お祭りか何かのように、「印象派絵画」とは無縁の露店が並び、おみやげが売られている。

そこでは、多くの女性たちがおしゃべりしながら、おだんごをたべてお茶を飲み、お菓子や珍味を買って行く（なぜか珍味……、意味不明……）。

「すごい……」

僕たちはすっかり、このおばさんたちの行動に圧倒されつつも、ものすごく興味をもったんですね。

そして密かに観察してみることにしました。

このリュックを背負って、帽子をかぶったおばさんたちの行動、とても興味深かった。

ロビーでは、まるでどこかの観光地のように、記念写真を撮っているグループがいる。

しかも交代で、何度も何度も、いろいろな場所で撮っている。

展示室の中では「印象派絵画」どころではなく、意味不明の講釈をしながら、絵を見る女性たちでいっぱい……。

「お静かに！」というプラカードをもって、大きな声で話している一群に近づいては、気づいてもらえず、気弱に引き下がる美術館のスタッフ。

美術館の中には2カ所のミュージアムショップがあり、展覧会に出品されている絵画がデザインされたキーホルダーや消しゴム、ノートなどが売られている。

他にも、「どこにでも売っているモノじゃん」と思うようなものに、ただその美術館のシールが貼ってあるだけ。

そういうモノも商品としてある。

なんてことないモノばかりなんだけど、その女性たちに、飛ぶように売れている。

「おいおい、これはもう本当に美術館の観光地化だね」

観光地などのおみやげ、ふつうは友達や家族へ買いますよね。

これは日本独特なものなんですね。

欧米などでは自分のために買うのが普通。

そのため、東京ディズニーランドはアメリカやユーロのディズニーランドに比べて圧倒的におみやげグッズの消費が多いんです。

感動をもち帰り、おすそわけするといったところなんですね。

ここにいる、リュックおばさんたち、そのおすそわけをたくさん買っている。

「これは山登りのお友達に」

「これはヨガのお友達に」

「これは社交ダンスのお友達に」

と300～500円くらいのモノを大量に買っていく。

誰かひとりが、

「ねえねえ、このルノアールのコースター、ステキじゃない。○○さんにどうかしら？」

と言って、それを買うと、他の人も同じおみやげを買う。

ひとりがたくさんのおみやげを買う。

このときに一緒に来られなかったお友達にと、どんどんおみやげを買う。

何がなんでもおみやげを買う。

このときとばかり、おみやげを買う。

もう、おみやげを買う、買う、買う……。

そのとき僕は気づいたんです。

たとえば4人家族と、リュックおばさん4人とでは、大きなちがいがあるということを。

どういうちがいかというと、同じ4人でも、家族の場合おサイフは1つ。

リュックおばさんは、なんと4つサイフをもっているってこと。

サイフ保有率が断然ちがうわけですよ。


これはすごい発見！


これを取り込まない手はないですよね。

おまけに、習い事や趣味を通じてたくさんのコミュニティを形成しているので、ひとりが同じモノをたくさん買ってくれる。

さらに平日にこれだけ集まってくれ、これだけ購買してくれるんだから、集客施設にとってみればもう、神さま、ほとけさま、リュックおばさまって感じですよ。

「そうだよね、『リュックおばさん』を狙え！　だよねぇ」

僕は思わず、ガールフレンドにつぶやいた。

本当に元気いっぱい。

気持ちいいほどたくさん買ってくれるんですよ。

なんかマネやルノアールの描いた印象派の女性を見るより、「元気な女性たち」を見に行ったって感じの一日でした。

女性客にモテるメリットその1
「女性客は2人以上の複数で来ることが多い」

2 なぜ〝ダイコンタワーサラダ〟はクチコミされるのか？

女性をターゲットにすることのメリット、その2つ目の理由。

「クチコミされやすい」

複数で来店してくれたり、観てくれたり、食べてくれたりした女性たちは、良い意味でも悪い意味でも、クチコミしてくれるんですね。

女性は男性より、「話すこと」が大好き。

話すことが仕事と言っても過言じゃないんです。

昔から「井戸端会議」って言葉があるくらい、話好きでしょ。

離婚の原因のほとんどが、「話を聞いてくれない」ということが発端になって、それから関係が悪化しちゃうことになる。

子供も男の子より女の子のほうが、言葉を話すのが早いですよね。

話すってことは、クチコミの基本です。

とある調査では、**推薦する率は、女性は男性の3倍**という結果が出ているんです。

女性に評判になると、お客がお客を連れてきてくれる。

ま、悪い評判になると、目も当てられないことになるんですけど。

でもクチコミっていうのは、最高のプロモーションです。

クチコミしてもらうと、それは強い。

だからこそ、クチコミっていうのはむずかしいのも事実です。

でも、**クチコミを生じさせる方法はある**んですね。

というか、クチコミされやすくする方法っていうほうが正解かもしれません。


飲食店で考えてみましょう。

たとえば、ただ「美味しい料理」というだけでは、クチコミされないんです。

よくレストランや飲食店などで、「名物料理」を創ろうと、いろんな味を工夫して開発していますが、味だけの要素ではダメっていうことです。

なぜなら、料理の味がクチコミされることは、非常に少ないからです。

でもね、「他にはない美味しい料理を提供すれば、クチコミしてくれる」と思っている料理人が多い。

それはとても甘い考え方です。

味を上手に表現して伝えるのはむずかしいからです。

池波正太郎先生のように、舌を巻くくらい表現力があれば、またちがうのでしょうが、大抵「あの店の○○っていう料理、すごく美味しいんだ」で終わっちゃうでしょ。

聞いてるほうは、今まで自分が経験した「すごく美味しい」っていうものさしでしか判断できませんから、正確に伝わらないのです。

美味しいというだけでは、特徴がわからないのです。

個性が伝わらないってことです。

そんなのクチコミになりませんよね。

料理の味はクチコミされにくいってことです。

ではクチコミはコントロールできないか？
そんなことありません。
クチコミを作ることはできます。
クチコミさせるには、それなりの**工夫**が必要ってことなのです。

あるお店で、何の変哲もない「冷奴」がクチコミされています。
厳選された材料を使い、こだわったお豆腐を使っています。
当然味もいい。
ところが、それだけではクチコミされないということ。
まずここの冷奴、名前がすごい。

「当店名物　びっくり冷奴　一度おためしください！」

メニューにそう書いてあります。
まず「名物」というので、目を惹きますよね。

つづけて「びっくり冷奴」ですから、何が出てくるか楽しみになります。

さらに、「一度おためしください」ですからね、試しちゃうでしょ。

何がびっくりかというと、その料理が運ばれてくると謎が解決します。

きれいに盛りつけられたお豆腐。

運ばれてきたときは、器の上にかごが乗っかっていて、かごに敷いた緑の笹の葉の上に、乳白色のお豆腐が盛りつけられています。

ウェイトレスさんが、「びっくり冷奴でございます」と言って、テーブルに冷奴の器を置いた瞬間、どこをどうしたのか、突然、器から煙が立ちのぼるのです。

知らないとかなりびっくりします。

ま、下の器にお湯が入っていて、冷奴と器の間にドライアイスが仕込んであり、テーブルに置いたときにそのドライアイスをお湯に落とすという単純な仕掛けなんですけれどね。

この仕掛けがあるから、クチコミされているんです。

また、あるカフェのサラダの話。

ここにはサラダが何種類かあり、その中で**「ダイコンタワーサラダ」**というのが人気なのです。

メニューの名前を見ただけで、「どんなのが出てくるんだろ?」と期待しちゃうでしょ。

出てきたサラダは、期待を裏切らないタワー状のサラダ。

ダイコンの千切りを、タワー状に固めたサラダなんです。

ユズの入った醤油ベースのドレッシングと、ちょっと辛みのあるダイコンがとっても美味しいのですが、ただ単純にダイコンサラダだと、クチコミされないということです。

味はクチコミされにくいですが、こういうことは伝えやすいでしょ。

クチコミというのは**伝達行為**です。

伝えるってことですよね。

だったら、伝えやすくしてあげなければなりません。

目に見えるようにしてあげなければならないのです。

目に見える特徴です。

だから内装やディスプレイで独自化することは、クチコミを創出するために、有効な方法になってくるってことです。
さらに、それを伝えやすくするツールが必要です。
ショップカードやパンフレット、割引券やクーポン券など。
クチコミに使ってもらえるような、そういうツールが必要なんです。

女性客にモテるメリットその2
「女性客はクチコミしやすい」

3 オープンするならGW明けの閑散期？

女性をターゲットにすることのメリット、その3つ目の理由。

「気に入るとリピートしやすい」

女性は、気に入ったお店や気に入った施設は、何度も利用してくれるってことです。
これも女性の「帰属欲求」に関係しているんですね。
一度気に入ったところには、再来店してくれる。
でも、注意しなければ、ちょっとしたことで利用してくれなくなるんですよ。
女性はとっても厳しい目をもっているんです。
たとえば、よく言いますよね。

「顧客第一主義」とか、「お客さまの立場に立って」とか、そういうこと。

しかしながら、どうもお客さまのことを本当に考えて商売しているとは思えないサービス業に出合うことがあるんですね。

こういうところは早晩倒産しちゃうでしょう。

これを読んでいる勉強熱心なあなたは、たぶんお客さまのことをしっかりと考えていますよね。

さてさて、そういうあなたにクイズです。

カンタンですから、ちょっとやってみてください。

あなたは、これから開業する、大型集客施設の責任者だとします。

その新しい施設はサービスを提供する施設です。

たとえば、大きめのレストランとか、日帰り温浴施設とか、ショッピングモール、シティホテル、水族館などですね。

これを成功させ、圧倒的に儲けるのがあなたの使命です。

たくさんの人を集めて、たくさん儲けなければなりません。
その施設の工事は3月31日に終わります。
建物も内装もディスプレイも完成します。
あなたは開業する日を決めなければなりません。
さてさて、ここからが問題です。

マーケティング的な観点（圧倒的に儲けるということ）から見ると、以下のどの日にオープンするのが一番いいでしょう？

A：ゴールデンウィーク直前（4月28日とかね）
B：夏休み直前（7月20日とか）
C：ゴールデンウィークが終わり、6月に入った頃

さてさて、わかりましたか？
あなただったら、どの日にオープンさせますか？

ちょっと考えてくださいね（1分以内で）。

……？……？……？（考え中）

答えが出ましたか？
まず、

「A：ゴールデンウィーク直前」

と思った人。
あなたは残念ながら、マーケティングセンスまったくなし。
お客さまのことを考えているとは思えません。
これからの時代にまったく合わなくなっていきます。
このままの考え方だと、儲かりません。
すぐに僕の本すべてを7回以上読み直しましょう。（笑）

「Ｂ：夏休み直前」

を選んだ人。

あなたも残念ながら、マーケティングセンス、あまりありません。

ま、「Ａ」を選んだ人よりは、少しはましですが、基本的にそういう考え方では儲かりません。

「Ｃ：ゴールデンウィークが終わり、６月に入った頃」

を選んだ人。

そうです。

これが**正解**ですね。

「え!? だって一番集客するゴールデンウィークに間に合わせるのが、マーケティング戦略的には一番いいんじゃないの？　6月なんて、だいたい人が集まらないじゃないか」

そう思った方いますか？

そうですよね。

みんなそういうときにオープンしますよね。

ゴールデンウィークの前や夏休み前など、人がたくさん動く時期にオープンしがちです。

実際、僕が関わったショッピングモールもそういうときに大々的にプロモーションして、オープンしました。

でもこれって、大きな間違いなんですね。

こんな考え方が、僕がよく言っている、今の時代に合わなくなってきているってことなんです。

それは今までの考え方です。

だって、これがその施設の致命的なキズになる可能性が高いからです。

あなたがお客さまになってみたところを想像してみてください。

あなたは家族で、新規にオープンした話題のショッピングモールにでかけたところです。

オープンとゴールデンウィークが重なって、ものすごく混んでいます。

いろいろとお店を見てまわり、お昼ご飯を食べようと、あるレストランに入りました。

20分くらい並んで、やっとの思いで、良い席に座れました。

注文をします。

カンタンにすませようとパスタを注文しました。

あなたは「カルボナーラ」、奥さんは「ボンゴレビアンコ」、お子さまは「ミートソース」。

注文してからずいぶんたちますが、なかなか料理は出てきません。

「忘れられたのかな……」

もう20分もたちました。

ウェイトレスは忙しそうに動き回っています。

声をかけても、「少々お待ちください」と、歩きながら相手にしてくれない。


「おいおい、どうなってんだ？」


と思い始めたのが、30分後。

いくら温和なあなたでも、かなり頭にきています。

そして、信じられないことですが、オーダーしてから40分後にお子さまの「ミートソース」が、やっと来たんですね。

次に「カルボナーラ」、そして「ボンゴレビアンコ」……。

しかし、「ボンゴレビアンコ」は「ボンゴレロッソ」になっていた。

オーダーミス……。


これは実話です。

本当にあった話です。

恐ろしいですよね。

どうですか？　あなた。

こういう店にまた行きたいと思いますか？

「もう二度と行くものか！」

そう思いませんか？

そうなんですね。

オペレーションが慣れていないんですよ。

オープン直後は、どんなにシミュレーションして、どんなにリハーサルして、かなり訓練しても、慣れていないんです。

オープン直後の施設は、だまっていてもお客さまがたくさん来るんですよ。

みんな興味がありますからね。

オペレーションが慣れていない状態で、たくさんのお客が来る。

放っておいてもお客さまが来るときなのに、どうしてゴールデンウィークにオープンするんでしょうね。

これはもう最悪です。

お客さまを満足させるような対応ができないってことです。

そしてそのお客さまは、すべて**「トライアル客」**なんですよ。

「どんなお店なのかな？」

「どういうサービスをしてくれるのかな？」

要は「試し」に来ているわけです。

厳しい目でチェックされているわけですよ。

僕みたいに「オペレーションが慣れていないから、しょうがないよね」と思ってくれる心の広いお客さまは、ものすごく少ないわけです。

たくさん来たお客さまを満足させることができないばかりか、最悪の場合、悪い評判がたってしまう。

「もう二度と利用してくれないお客さまを、たくさん作っている」

そういうことに早く気づいてほしいですね。

「そんなの非常にレアなケースだよ。ウチは大丈夫」

そう言っているあなた。

それならば、いいんですよ。

完璧なサービスを提供できるという自信があれば、好きな時期にオープンすればいいんです。

でもね、鳴り物入りでオープンした大型温浴施設でも、あの六本木でホスピタリティが最高といわれオープンした外資系ホテルでも、そういう体験をしたんです。

信じられないほどオペレーションがダメ。

「もう二度と行くものか！」

という体験です。

ゴールデンウィーク前や夏休み前にオープンするということは、確かに売上や利益は取れるし、賑わいもでますよね。

でもそれは幻想なんですよ。

そんな売上は「目先の利益」です。

お客さまのことより、自分の目先の利益を考えているってことでしょ。

長い目で考えないと、繁栄はないんです。

あの「ディズニーシー」がオープンしたのは何月だったか覚えていますか？

夏休みでもなく、ゴールデンウィークでもなく、年末でもなく、9月の末だったんですよ。

スタッフたちにしっかり経験を積ませ、万全の態勢で次の年のゴールデンウィークや夏休みを迎えられるようにしたんですね。

「リピーターが命」ということをよく知っている。

さすがはディズニー、ってところでしょうか。

これから必要なことは、**お客さまに何度も利用してもらえる**ってことです。

そして**女性にリピートしてもらえる商品・サービスが、これから成功していく**んです。

こういうふうに考えてくると、女性をターゲットにすることはメリットあるなって思いますよね。

世の中に女性優遇サービスがこんなに多いのも、わかるような気がする。

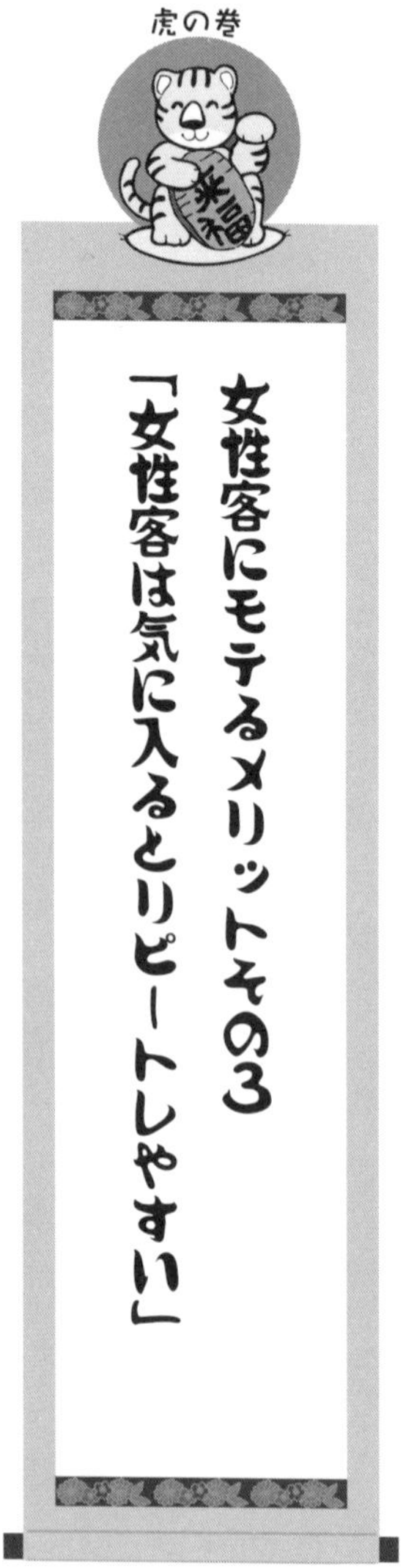

虎の巻
女性客にモテるメリットその3
「女性客は気に入るとリピートしやすい」

第3章

女性に愛されて儲ける5つの法則とは？

1 男の脳は欠陥脳だった!?

これからの時代、ビジネスで成功するためには、「女性」が必要なんだ。

そういう認識に拍車をかけた本に、図書館で出会ったんです。

ある日、いつものように、図書館で本を選んでいたんですね。

いつも見る棚は決まっていて、たいてい小説や心理学や社会学などの人文科学系が多い。

ところがその日は、気になる背表紙が目に飛び込んできたんです。

いつもは女の人がたくさんいて近寄りにくい、「手芸・料理・くらしと医学」のカテゴリーの棚。

『男の脳は欠陥脳だった』

その題名を見たとき。

「えっ⁉　いったい何が書いてあって、何が言いたいのだろう……」

ちょっとカチンときて、とても気になりました。

そして借りて読んでみたのです。

内容は「くらしと医学」とはまったく関係ないもので、「おいおい、図書館司書、だめじゃないか」と思わず文句を言いそうになりました。
でも大変おもしろい本だったので、その後購入したんですね。
『男の脳は欠陥脳だった』（大島清著・新講社）
内容をざっと紹介すると、
社会の行き詰まりは男性脳の限界を示している。
それは女性脳によって乗り越えることができる。
しかし、しばらく続いてきた男社会の中で、女性も男性脳に近付いてきてしまっている。

女性は本来の女性脳に帰ろう、
というものです。

また、
男女の性差は肉体でなく脳にある。
脳生理学的に男性脳と女性脳があり、特徴として男性脳は特定の分野に突出した才能を産み出し、女性脳は、右脳と左脳のバランスがとれている。
というものです。

生まれ持った性について、男がダメで、女が優れているということを書いているのではないのです。

「男性脳が築いてきた文明とは、奪い取り、かつ支配する文明でもある」
「奪うより分かち合うことを大切にする文明である女性脳が、これからを切り開いていくだろう」

そういう内容だったんです。

「そうか〜、『女性脳社会』になっているんだ」

前述のマスマーケティングの行き詰まりだって、そうです。

人は**「理性」**で買い物をするわけではなく、**「感情」**で消費する。

まさに、これは女性脳的ですよね。

社会が男性脳社会から、女性脳社会にシフトしている。

だから、今までのやり方では通用しなくなってきているんですね。

考えてみたら、僕の提唱している、「モノ」を売るのではなく、「体験」を売るという、

「エクスペリエンス・マーケティング」

これだって、そうです。
モノのスペック、性能や材質や効能で売れているわけではなく、
それを買うとどういう体験が得られるのか？
どういう新しい生活を手に入れられるのか？
そういう思考のマーケティングです。
そして、体験を提供すると売れるようになる。
どうしてモノではなく体験を売ると、売れるようになるのか？
これも、

「世の中は『女型脳社会』にシフトしている」

と考えると、説明がつきやすい。

そういう視点で見てみると、納得するようなことがたくさんあるんですよ。

♥いろいろなところに現れている「女性脳社会」

「女性脳社会」は周りを見渡すと、いろいろなところに現れています。

例えば、家電製品の梱包《こんぽう》ひとつとってもそうです。

今、日本の大手家電メーカーの電化製品を買うと、梱包にほとんど発泡スチロールが使われていないことに気付きませんか？

変わりに段ボールが折り重なって、緩衝材《かんしょうざい》の役割を果たしています。

昔であれば、発泡スチロールが箱いっぱいに敷き詰められていたけど、今はそれがない（中国製の製品ではまだ残っていますが）。

これは、人間の経済活動が自然の営みより優先されるという論理に対して「それって、なんかおかしいじゃない」ということなんですよ。

この論理って、工業化や経済成長だけを追い求めてきた男性のものですよね。

女性脳化した世の中では、こういった男性論理では商品が売れないってことなんですね。

大手自動車メーカーでも、企業を上げて環境問題に取り組んでいますよね。

もちろん、それの研究費・開発費に非常に大きな投資をしている。

環境問題に対して、多くの企業が真剣に取り組みだしたのもごく最近のことです。

もともと「地球を守る」、「環境を守る」という平和・調和的なものは女性の考え方なんです。

「男は外で仕事をして、女性は子供を育て家庭を守る」

という昔から一般論もありますよね（ま、今はその一般論的な考えが崩れかかってますが……）。


こうやって、地球環境保護が大きく叫ばれているというのは、裏を返せば女性的な思想が支持されているということなのです。

「物質だけの豊かさを求めた工業社会や、飽くなき競争社会の思想が終焉を迎え、共存・調和への思想へシフトしてきている」

ということです。

雪印事件や、日本ハムの事件、鳥インフルエンザ、ＢＳＥなど、ここ数年、世間を騒がせた「食」の安全を揺るがす事件。

それが事件になって、世間の目に触れるというのも、女性脳社会を象徴しています。

あるいは、三菱自動車のリコール隠しや、日本航空の安全管理問題。

こういうことは、今までも多かれ少なかれあったんだと思いますよ。

ただ表に現れにくいことだった。

企業の利益が最優先され、少々の安全性などは二の次だったわけですよね。

まさに男性脳の考え方だった。

社会が変わったことに気づかない企業が、いつもの慣習や今までと同じ思考で、そういう問題に対処していると、事件になっちゃう。

雪印なんて、そのせいで倒れちゃいましたよね。


「安全」「安心」「透明」を求める消費者が増えています。

「バリアフリー」の考え方や、最近流行っている「スローフーズ」や「スローライフ」という考え方にもそれがよく表れています。

サラリーマンが出世よりも、安定を求めているというのも、非常に女性脳的な考え方なのです。

ある意味、20世紀は、男性脳社会が続いてきたわけです。

ところがその行き着いた社会は、「本当に豊かなの?」っていう社会だった。

「弱肉強食」「競争原理」「拝金主義」「能力主義」「環境汚染」「食の危険」……。

ホントに息が詰まりそうなことばかりです。

「本当の豊かさって何?」

人々はそういう疑問を、意識的にも無意識的にも、感じてきたんです。

そういう意識を、20世紀の終わり、1990年頃を境に、みんな多かれ少なかれもつようになってきた。


社会が「男性脳」から「女性脳」に変わってきたんですね。


ところがそれに気づかないで、メーカーやショップは従来のやり方しかやってこなかった。

「男性脳」の論理のまま、モノを作り、売ってきたわけです。

ところが、社会が「女性脳」に変わっているから、売れないってことです。

これが不況を作りだし、不景気、デフレ、という結果になってしまった。

新しい社会に変わったんですね。

それに気づかないと、モノが売れないってことなのですね。

もうすでに新しい次の社会、そう「ネクストソサエティ」の世界に入っているんです。

女性的な思考が、今の社会を動かしていることを認識しなければなりません。

女性脳社会になってきているんですよ。

だからそれに合ったマーケティングをしなきゃ、成功することは難しいってことです。

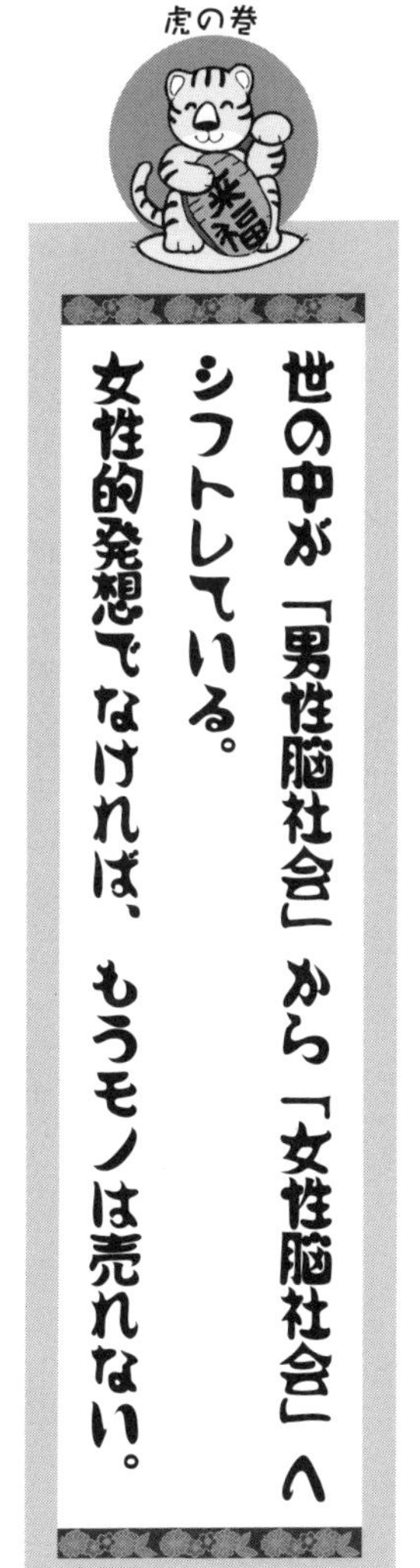
虎の巻
世の中が「男性脳社会」から「女性脳社会」へシフトしている。
女性的発想でなければ、もうモノは売れない。

2 「論理」で売るな！「直感」で売れ！

ここまで読んでくれたあなたは、もう、これからのビジネスにおける「女性を味方につけること」の重要性をわかってくれたと思います。

では、女性を味方につけるにはどうしたらいいのか。それはズバリ、

思考を変えること

です。

これまでの男性的思考から女性的思考へ脳のシステムを転換することです。

男と女では脳にちがいがあることはまぎれもない事実です。

ですから、それを理解して、日常生活やビジネスに役立てていくことは、これからの

「女性脳社会」を生きていく僕たちには、重要になってくるのです。
男性と女性の思考のちがい。
その特徴が表れていることを5項目選んでみました。
他にもまだまだあるのですが、大きくちがっている部分です。

男性は「論理」
女性は「直感」
男性は「攻撃」
女性は「防御」
男性は「結果」
女性は「過程」
男性は「明確」

女性は「曖昧」
男性は「中心」
女性は「周辺」

本当に驚くほどのちがいです。

男性が想像もできないような、思考のしかたをするんです。

今までこれを知らないで、どれだけ無駄な努力をしてきたのか、と思う方もいるでしょう。

女性の思考の方法を、もっと理解しましょう。

それが必要とされているのですから。

まず、男性と女性のちがいに、

男性は「論理的」に判断するけど、女性は「直感」で判断する

というのがあります。

男性は原始時代に、狩猟をしていたので、獲物までの距離や空間、獲物の逃げ足のスピードなどを、論理立てて推測し、狩りをしなければなりませんでした。

だからそういうことを分析するために、論理的になったのです。

一方女性は、男性が留守の間、子供たちを守り、家を守らなければならなかったので、まわりのさまざまな変化などに敏感になった。

いろいろな情報に、五感を使って対応し、判断していたんですね。

右脳も左脳も使うため、感覚が敏感になった。

だから「直感的」なことが得意になったわけです。

女性が、

「なんとなく嫌なの」

「なんとなく上手くいくと思う」

と言ったときは、そうなることが多い。

また、旦那が浮気をしているのを、直感的に察するのも得意です。

「女性は勘がいい」

というのは、本当のことなんですね。

初対面の人と会ったときや、はじめての商品に出合ったときに、直感的に好き嫌いを判断するのも、女性の特徴です。

だから人も商品も**「第一印象」**が大切なんですね。

たとえば、お店の陳列を思い出してください。

僕の友人が経営するスーパーで、**ウインナーソーセージのコーナーにマスタードを置いたら、売上が26%も増えた**のだそうです。

これは、女性が直感を働かせたためだと、大げさに言わなくても理由はわかりますよね。

イメージできたということです。

前述したように、女性は、購買を決定するときに、猛烈なスピードでサイフの中身から過去のことまで、購買に関するあらゆるファクターをチェックします。

ほとんど瞬間なのです。

そういうときにやはりイメージを描けるような材料がそこにあるとピンとくるのです

よ。当然パッケージも重要ですよね。いくら綺麗だからといってマスタードに緑色のパッケージをつかっては、ダメでしょうね。

さて、ウインナーとマスタードの例のようなことはいくらでもあります。**コーヒー売場**に**ダイエットシュガー**を置くとかね。ダイエットシュガーとなるとダイエット関連の商品のところに置いてあるのが普通でしょうが、女性感覚で普段の生活、買い物のときのことに思いをはせれば、当然ですよね。

もちろん、男性流というか、論理的に考えてダイエット商品コーナーに置いてもいいんですよ。

でも、コーヒーコーナーにも置くことを考えたらどうですか、ということです。

ジャガイモの近くに**塩**や**バター**という発想はでても、なかなか青果物の担当者がその気にならないとダメなのかな。

青果物の成績にはカウントされないなんてのが、流動性がない原因かもしれませんね。

イチゴに**コンデンスミルク**も同じでしょうね。

パスタの近くに**粉チーズ**は、まだ発想できるでしょうが、**テニスボール**の近くに**ミネラルウオーター**となると、スポーツ部の人はミズノは知っていても水の仕入れ先は知らないのかもしれませんね。

風邪薬のとなりに**マスク**なんてのはやっているかもしれません。**豆腐**の近くに**薬味**となるとあまり見たことないな。

♥ロジカルシンキングするから、不況になるんです

最近、**「ロジカルシンキング」**が流行っています。

そういう本などを見るたびに、本当にそれがいいのかな、と思ってしまう。

こういう時代だからこそ、**「論理的に考えない」ほうがいい**んですね。

だってそうでしょ。

売れているモノや、売れているサービスなんかは、論理的に考えて生まれたものではないのです。

人がモノを買ったり消費するっていうことは、論理的に行っているのではないからです。

論理的に考えると「消費者は安いから買う」ということになる。

でもそれはちがうということは、もう周知の事実ですよね。

安くても買わないことはたくさんある。

逆に高いものが売れています。

ロジカルシンキングでいけば、たとえば腕時計なんかは、正確な時間がわかればいい、ということになりますよね。

ということは「１００円ショップ」で売っている時計で充分ってことになります。

正確な時間を教えてくれます。

でも、あなたの周りに、１００円の時計を着けている人、何人いますか？

ロジカルシンキングでいえば、ほとんどの人が１００円の時計を着けていることになる。

でも、あまりいませんよね。

それどころか、数万円、数十万円もする腕時計をしている人のほうが多かったりするでしょ。

論理的に考えると、「消費者は必要なものを買う」ということになります。

もしそうだったら、モノはもう売れないってことです。

だって必要なモノはもう充分にあります。

「消費者は必要なものを買う」なんて考えて、商品開発したり、店を作ったりするから、モノが売れないわけですよ。

論理的な思考が招いた、大きな過ちです。
スタートは「直感」なのです。
その後「論理的」に検証してみる。
それが逆になると、今の時代は生きていけないのです。
特に女性は「論理的には考えない」のです。
「直感」を大切にしています。
まずは「直感」で、やりたいことをやってみましょう。
やってみて、ダメだったら変えればいいんですから。

虎の巻
「ロジカルシンキング」でモノは売れない。
「直感」「感性」「感情」でモノを売れ！

3 「攻撃」で売るな！「防御」で売れ！

女性は「子供を守る」という生物学的理由から、基本的に**「防御型」**です。

これは男性が勝負にこだわり、優劣をつけたがる**「攻撃型」**なのと対比できます。

このことはビジネスでも同じことが言えます。


女性に攻撃的な売り込みは厳禁です。


「女性脳社会」では、営業や販売のやり方も変えなければなりません。

女性は争いや対立を嫌うからです。

協調的、平和的、親和的なことを好みます。

だから女性は、「攻撃的」なマーケティングを嫌うという性質があります。

これは、売り込まれるのを嫌がる人が多いということです。

女性は「売り込み」されるのを、意識的にも、無意識的にも嫌っています。

これからの営業や販売の役割は、売り込むことではなくなってきます。

よく商品をしつこくすすめるおばさんの店員がいることがありますね。

ゆっくり商品も見られないし、かえって警戒してしまいますよね。

「よかったら食べてって」

「試しに使ってみて」

というのだったら、ちょっと見てみようかなと思えます。

「防御型」の女性には、実はこの**「お試し」**が重要になってくるのです。

僕のお客さまに、サイボクハムというメーカーがあって、そこは工場で作ったハムやソーセージなどを、工場の隣にある店で販売しています。

大きなスーパーマーケットのような店内のいたるところで、「試食」ができるようになっているのです。

サイボクハムの神戸良和店長が言っていました。


「一度『試食』をやめたことがあるんですね。そしたら売上が、

「あっというまに５％落ちたんです。あわててまたはじめました」

そうなんです、お試しは重要なんです。

最近好調の「デパ地下」だって、いたるところで試食できるようになっているでしょ。

ブティックだって、必ず試着室がある。

なぜお試しが重要かというと、買い物をするのには危険（リスク）が伴うからです。

「悪いものだったらどうしよう？」

「お金を払うだけの価値があるかしら？」

「これだけ重いのを買って、もって帰れるかしら？」

などなど、意識的にも無意識的にも、リスクを察知するアンテナが働いているのです。

だから買い物をするリスクを軽減してあげなければなりません。

だから試食や試着が重要になってくるわけです。

試食や試着だけでなく、この心理は「ランキング好き」というのにも表れています。

「女性は人が買ったモノを欲しがる」

という心理です。

ランキングの上位に位置した本や音楽のＣＤは、さらに売れます。

「多くの人が買っているモノだから、いい商品なんだ、買っても大丈夫」

という、リスクを回避する心理が無意識に働いて、買うわけです。

最近、東急が渋谷や新宿で展開している、「ランキンランキン」というお店は、まさにこの**「ランキング好き」**という心理を上手く使ったショップです。

本や音楽CDはもとより、化粧品、オモチャ、お菓子、清涼飲料、タオル、石鹸、それこそありとあらゆるモノの、売れている上位の商品を、展示販売しているのです。

このショップはモノを売っていながら、モノを売っていない。

いうなれば「今何が売れているか？」という情報を売っているのです。

それもしょっちゅうそのランキングが変わっている。

面白いショップです。

防御型の女性は不安なのです。

だからその不安を解消してくれる商品やサービスが売れているのです。

最近流行のオープンキッチンのレストランや、生産者の顔が見える野菜やお米が好調なのも、同じ理由です。

「透明ブランド戦略」です。

すべてを透明にして、安心感を与える。

これが女性客のこころをつかまえたのです。

恋愛も仕事も唐突な売り込みは禁物です。

攻撃的なことよりも、不安を解消させてあげることを考えましょう。

お試し期間が重要なのです。

１回のデートでモノにしたと思ってはいけません。

お試し期間中、慎重に考えているのですから。

「押してだめなら、引いてみな」といいますが、ビジネスでも恋愛でも、押したり引いたりのテクニックが必要です。

積極的に自分をアピールし、情報を発信することは必要ですが、押しまくられると逃げたくなる気持ちは誰にでもあるのですよ。

積極さの後に誠実さとも思える、消極的な言葉を言ってみると効果があります。

最後の引きの言葉で、

「自発的なお気持ちが大切ですので、無理にお勧めはしませんけれど」

「納得してお買い上げ頂けないようでしたら、購入は見合わせられたほうがよいと思いますが」

こういうセリフを言われたら、けっこう、この人は誠実な人だな、と思ってしまう。

恋愛でも、

「僕は楽しくて、つい長電話してしまったけれど、退屈な話しだったかな?」

「こんなに好きな気持ちを、迷惑に思っているのではないかとたまに思うんだよね」

とか、ちょっと引く言葉を言ってみましょう。

こうした一歩引くような言葉をかけられると、クライアントも恋人も「ちょっと待った」と思うはずです。

女性は「攻撃型」ではなく「防御型」というのを忘れないように。

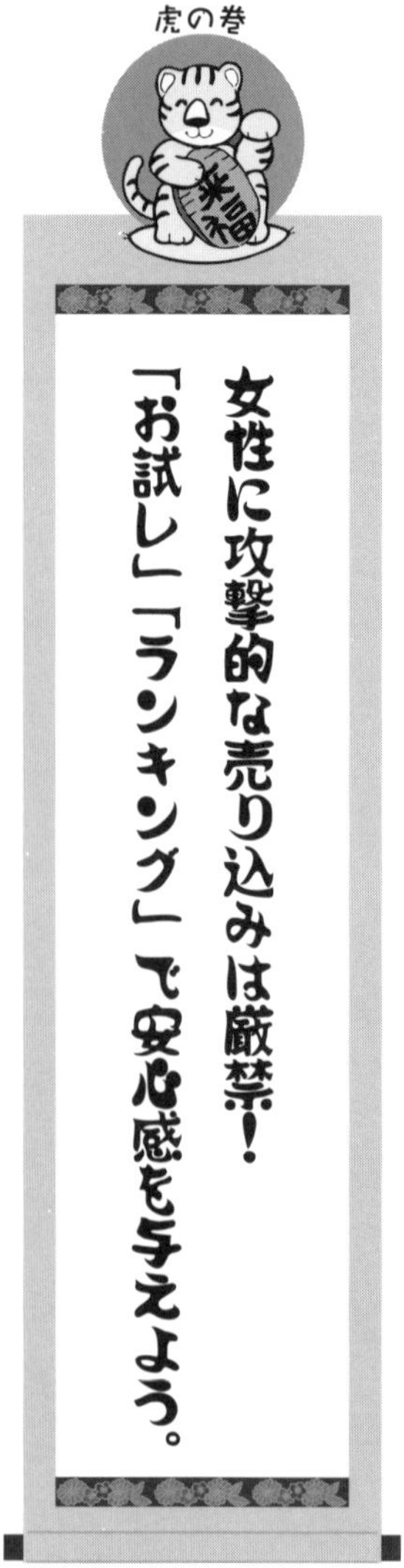
虎の巻
来福
女性に攻撃的な売り込みは厳禁！
「お試し」「ランキング」で安心感を与えよう。

4 「結果」で売るな！「過程」で売れ！

男性は結果がオーケーだと、だいたい許せますよね。

ところが**女性は、結果より過程（プロセス）のほうが重要**なのです。

男性の買い物は、百貨店で何を買うか明確に決まっているときは、その売場に直行しますよね。

「ジャン - ポール・ゴルチェのレザーのジャケットを買おう」と思ったら、新宿高島屋の7階紳士服売場にある「ジャン - ポール・ゴルチェ」へ直行します。

ところが女性はちがうのです。

「DKNY（OLさんに人気のブランドです）」の春物のスーツを買うと決めておきながら、「DKNY」の売場には直行しないんです。

他の売場も見るんです。
たとえば「コムサデモード」とかで試着したり、他のところで靴を見たりする。
そして最終的に「ＤＫＮＹ」でお目当ての春物のスーツを買う。
これって、全然男性とはちがうでしょ。
そうなんです、女性は結果よりもプロセスのほうが大切なんです。
だからプロセスを楽しむってことを理解しないと、嫌われちゃうんですよ。
たとえば**日帰り温浴施設。**
最近、いろいろなところにできていますよね。
温泉好きの僕には、うれしい限りです。
男性は温泉に行くのは、温泉に入ることが目的です。
でも女性は一概にそうとは言えないのです。
男性にとって温浴施設での**「脱衣室」**は、目的が決まっていますよね。
服を脱ぐ場所です。
あるいは服を着て、髪などを整える場所です。
ところが女性になるとこれがちがうのです。

脱衣室の目的がたくさんの意味をもってくる。

たとえば**女性の脱衣室は、女性同士の語らいの場になっている**ことがある。

「え？　この化粧品をつかっているの？」

「うん、これいいわよ」

とか、

「サウナに何回入った？」

「もう4回も入っちゃった。ずいぶん絞れたわ」

とか、

「その下着可愛いわね、どこの？」

「ほら最近コマーシャルしてるワコールの『シャキッとブラ』なの」

などなど、コミュニケーションの場になっているんです（見たわけじゃないですよ、念のため。ガールフレンドから聞いたのです）。

男性は絶対そんなことしないですよね。

友達がはいているトランクスのことなんて、まったく気にしない。

それどころか、脱衣室では、ほぼ無言で服を脱いで浴室に直行ですよね。

「君のはいているトランクス、フクスケ?」

なんて話していたら、不気味です。

このあたりのことがわからないと、女性に満足してもらう施設ができないんですね。

でも温浴施設を設計している人は、圧倒的に男性が多い。

だから脱衣室というのは、あんなに殺風景で、何の工夫もないものを作ってしまうんです。


目的が1つだと思ってしまう。

女性にとっては、目的が1つではないのです。

男性がサウナに入ることと、女性がサウナに入ることは目的がちがうということなのです。

男性がトイレに行くことと、女性がトイレに行くことは目的がちがうということです。

いい施設を作るには、こういう女性の思考を理解しなければならないのです。

これは何も温浴施設だけのことを言っているわけではありません。

ショップやレストラン、ホテル、みんなそうです。

本当に気をつけましょう。

♥ポルシェが宝のもち腐れ

「家まで送っていくよ」

あるパーティで帰りかけた女性に、声をかけた。

「方向が同じですね。じゃあ」

女性は送ってもらうことにする。

男性の車はポルシェ、女性はなれない車におどおどドアを開け、低いシートに身をしずめた。

男性は車が自慢、「俺の走りを見せてやる」とでも思ったのか、短い距離を高速道路に乗った。

そして、あっという間に着いてしまった。

あまり会話も交わさずに。

女性はポルシェのエンジンが大きい音だったので、近所迷惑を気にして、名刺を受け取り、ちょこんと会釈をしてそそくさ家へ入っていった。

この2人の間にこのあと何もなかったことは言うまでもありません。

これは僕のことではありませんよ。

ガールフレンドの昔のお話。

わかってないなー、って感じでしょ。

女性はプロセスが好きなんだって。

女性の多くは、速く走ることに興味はないんですね。

それよりも、きれいな景色を見たり、音楽を聞いたり、楽しくおしゃべりしたりして過ごしたいと思っているのです。

特に、好きな男性だったら、早く家に帰るより、帰る途中も楽しみたいというのは、当然の心理ですよね。

それなのに、男っていうのは速い車に乗ったら、速く走るっていうのが目的になってしまう。

モノに対して、その目的以外は利用しないという、男性脳特有の思考回路が働いちゃうんです。

ちょっと前までは、車のＣＭって「何気筒エンジン」だの「滑らかな走り」だの車の速さ、走りなど、スペックを訴えるものばかりでしたよね。

最近では車を友達か何かにたとえているようなものとか、車で何をしようかというものが多いですよね。

「あなたも、この車を買うと、こういう新しいライフスタイルが得られますよ」という。

コンパクトカーのＣＭで「携帯空間」とか言って、車の空間を使ってピザを焼いたり、カラオケしたり、キャンプに行ったりするものがありましたね。

あれを見て、免許ももっていない若い女性が、「車欲しくなっちゃった」と言うのを耳にしました。

他にも、ペットのように車を扱っているものもあります。

女性にとって車は所有することより、その車で、何をするかということが重要なのです。

もちろんポルシェやフェラーリに乗っていれば、女の子も注目するでしょう。

でもそれだけでなく、**その車でどこへ連れて行ってくれて、どんな体験をさせてくれるのか。**

そのほうが重要なのです。

逆に車がカッコイイからという期待感があったのにがっかりさせられたら、余計マイナスになってしまうのです。

宮崎県のタクシー運転手の方のお話です。

宮崎が新婚旅行で人気だった頃、夫婦を乗せるときに女性が海側になるように促して座らせたそうです。

女性は景色を見ながら「ワーッ素敵！　ねえ、見て見て！」などと感情を表すので、旅が自然に盛り上がってくるというのです。

女性は目的や結果より、プロセスを大切にするのです。

世の中の流れもそうなっています。

2時間で北海道へ行くより、豪華寝台列車「カシオペア」に乗って20時間で旅するのが人気というのもわかりますよね。

「今までの飛行機代って、一体なんだったんだろう？」

そう考えさせられてしまうほど、航空券もどんどん安いものが出まわっています。

それなのに、料金の高い寝台列車が予約が取れないほどになっている。

速さを追求したあの超音速旅客機、「コンコルド」も引退してしまいましたよね。

今の技術を使えばコンコルドなんかよりも早い旅客機はできるはずです。

でも、今よりも速いスピードは必要なんでしょうか?

速さの追求は、より速くなるという一方向しか進みません。

速さだけ見たら、豪華客船はコンコルドに勝てません。

でも快適さや多方面に広がる楽しさに関しては、勝っています。

そのほうが豊かな気がしませんか?

プロセスに意味を見いだす「女性脳社会」に対応したサービスが、これからますます求められるということです。

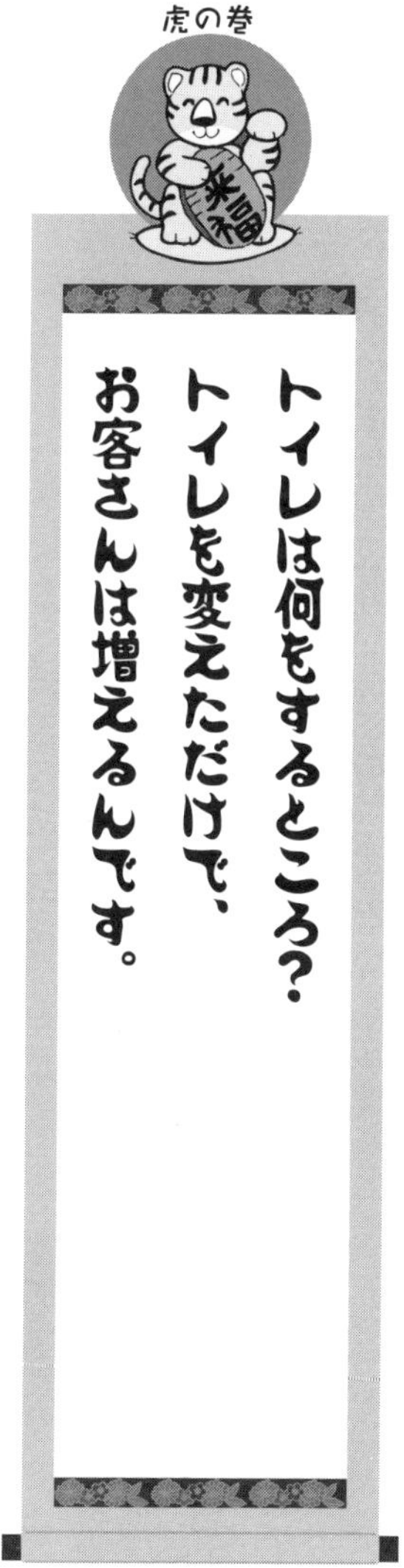
虎の巻
招福
トイレは何をするところ?
トイレを変えただけで、
お客さんは増えるんです。

5 「明確」で売るな！「曖昧」で売れ！

区民農園などで野菜を作ったりしてる人が多いですよね。

僕も昔、今よりも時間があった頃は、世田谷区から借りた小さい土地に、モロヘイヤ、トマト、キュウリなど作っていました。

2坪程の土地でもけっこう収穫できて楽しいものです。

いろいろな地域でも農園を貸し出しているようです。

ある人から面白い話を聞きました。

以前は主婦など、女性が、畑をしていることが多かったのですが、最近は、中年、老年の男性が多いそうです。

以前、女性ばかりだった頃は、区画の境などがあまりわからないような感じでのんびりとしていたのです。

しかし最近、男性が多くなってから、柵やつい立てを立ててハッキリ仕切ってしまうようになりました。

それから日当たりが悪くなったり、風が通らなくなったりして作物の育ちが悪くなったそうなのです。

この話、何か、戦国時代の国取り合戦や戦争で領地を奪ったりする、男性脳社会の縮図のように感じます。

男性は何かと白黒つけたり、仕切りたがったりしますよね。

「明確」にすることが、好きです。

それに比べ、**女性は「曖昧」な状態というのに寛容です。**

曖昧というと、なんだかとらえ所がない、いい加減な状態のようなイメージがあって、特にビジネスの現場では嫌われることが多い。

でも、女性にはこの「曖昧な状態」というのが多いのです。

「女心と秋の空」といって、女性の心が変わりやすいことは昔からいわれていますよね。

これは変わりやすいというより、常に心が曖昧なところにいて、男性のように白黒ハッキリ決めていないだけの状態なのです。

女性に告白して「あなたは友達以上だけど、恋人ではないの」などという返事をもらったことはありませんか。

「友達以上、恋人未満」

女性はよく使う言葉です。

男性には意味不明ですよね。なんか都合のいい断り方じゃないのと思ったりしますが、女性にはただの友達でも、細かい位置付けがあるらしい。

だから1回デートしたくらいで「彼女をものにしたぜ」なんて思ったりしてはいけません。

彼女はそのとき、慎重に吟味しているのです。

だから、彼女を送ったらデートは終わり、大成功というわけではないのです。そのあとのメール「楽しかったね」とか、「うれしかった」などのメールも重要なのです。

恋人というゾーンはとても狭くても、友達というゾーンは限りなく広い。

女性はどこへでも出かけて、いろんなグループに顔を出し、友達を作り、写真を撮り、写真を送り合います。

体操クラブの友達、ヨガ教室の友達、子供の学校のＰＴＡの友達、友達というよりただの知り合い？というような関係でも、友達ゾーンに入れて親しげにつきあいます。

たとえばある会合で偶然知り合った人でも、おしゃべりを楽しみ、コミュニケーションできるのです。

♥ファジー家電で始まった女性脳時代

１９９０年代、盛んに**「ファジー」**という言葉が使われました。

特に、洗濯機、エアコンなどの家電の機能に「ファジー制御」などといって使われ、「ほんのちょっと強めに」といった、数値でとらえにくい「曖昧な指示」を、きちんとこなす機能を売りにしていた「ファジー家電」というものがありました。

当時、「この理論が家電の制御に使われるなんて思いもよらなかった」と、ファジー理論の提唱者である米カリフォルニア大学のＬ・Ａ・ザデー教授（電子工学）は言っています。「自然現象や政治、経済など、大きな枠組みの中で把握するのに有効だと思い、そういう分野の研究に応用することを考えていた」

ファジー理論は、ある現象を、曖昧（ファジー＝ｆｕｚｚｙ）な要素の入ったまま数学的に処理する方法です。

コンピューターで機械制御するには「ＡのときＢをせよ」「ＣならばＤを」と、命令を１

つずつ入力する。

制御がきめ細かくなればなるほどデータは膨大になるのです。

この膨大なデータを処理するというのは、右脳と左脳を両方使って物事を処理する女性脳と同じ役割みたいなのです。

直訳では「fuzzy：（輪郭の）ぼやけた、（服の生地などが）ふわふわした」となっています。

ちょっと本来の意味と離れていますよね。

そのせいかあまり定着せず、使われなくなってしまいました。

しかし今となっては、「ファジー制御」のような、細かい要求に応える機能というのは家電だけでなく、多くの製品で当たり前になっています。

「ファジーな」という女性的曖昧さを表す言葉の出現と、男性脳社会の限界とも思われるバブル崩壊は、無関係ではないのです。

♥女性は曖昧な形状に惹かれる

あなたは、居酒屋やレストランで黒板のメニューを見たことがありますよね。

「本日のオススメ！」

とか書いてある黒板です。
手書きで書いてあると、なんだか新鮮でお得な気分になります。
僕なんか、必ずそのメニューを注文してしまう。
あの手書きの黒板メニュー、特に女性が注文する率が高いのです。
女性は「手書き文字」が好きなのです。
ほら手書きって、活字とかとちがって、かっちりしていないでしょ。
明確になっていない。
だから女性に好まれるのです。
だから、ＰＯＰやメニューも手書きのように作ったほうがいい場合もあるのです。
他にも女性が明確になっていないモノが好きだというのがあります。
それは形。**直線的**なものより、**曲線**が好きです。
色も**寒色系**よりも**暖色系**が好きだというデータがあります。
看板やサイン、内装などを考えるときは、見逃してはならないポイントです。
女性は、明確に決まっているイメージのものより、曖昧さを好むのです。

だから、「杓子定規」の対応より、「臨機応変」な対応のほうがいい。
たとえば新聞折り込みのチラシにつけた「１００円割引券」をもってこなかったお客さまに、「割引券がないとお引きできないのです」といったような、杓子定規な対応をしていると、お客さまを逃すってことです。
こういうときは、「あ、大丈夫ですよ。内緒で特別に処理しておきます」とか言って、臨機応変にしたほうが、絶対いいでしょ。

明確よりも曖昧。

そういう商品やサービスを考えてみましょう。

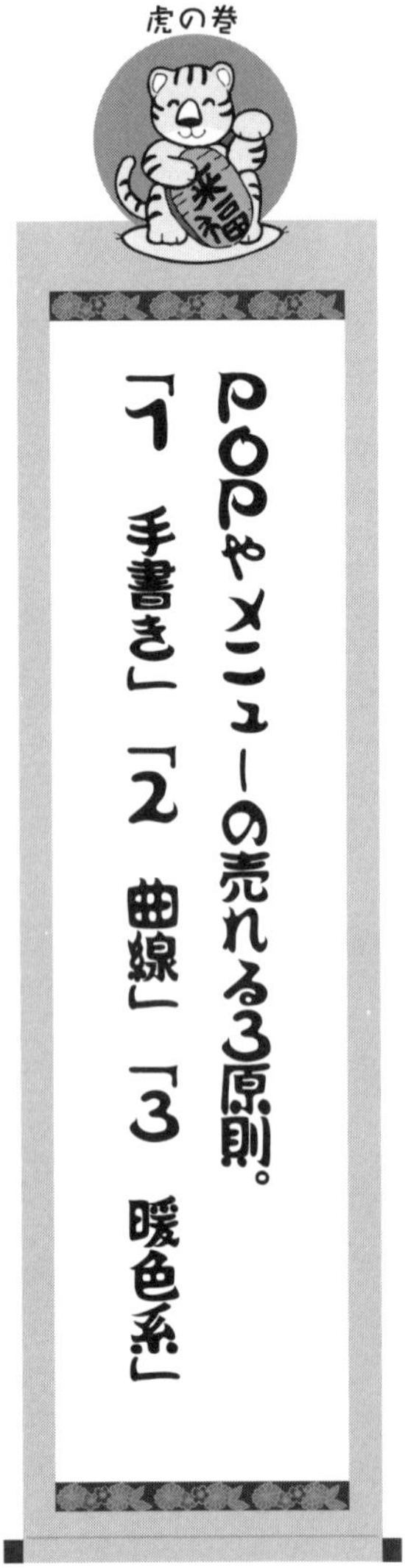
虎の巻
来福
POPやメニューの売れる3原則。
「1 手書き」「2 曲線」「3 暖色系」

6 「中心」で売るな！「周辺」で売れ！

男性と女性では物事の見方がちがうんです。

「女性は細かいところをよく見ています」

と言ったら、ガールフレンドが、

「そういう発言も、男性社会の言い方ですよー。いやだなぁ。女性が細かいんじゃなくて、男性が細かいところにあまりにも気を遣わなすぎなんですよ」

おっしゃる通りです。

男性が鈍感なのですね。

実際、女性は男が気づかないものにも気づいています。

男が見ようともしないものも、見えています。

男性は物事の中心だけしか見ない。

女性は物事の周辺を見る。

そうなんですね。

男性は狩猟をしていたから、遠くにいるターゲットを確実に仕留めるために、中心を見る能力が進化したんですね。

反対に女性は、集団で家を守っていたのですから、まわりのさまざまな情報に気を遣わなければならなかったのです。

だから、広い範囲が見えるような脳の進化をしたのです。

「男性は物事の中心しか見ない」なんて言うと、男が一方的な考え方しかしなくて、非常に能力の低い生き物のように聞こえますが、誤解しないようにね。

第二次世界大戦の敗戦後の日本経済を発展させたのは、男性たちやその思考だったわけですし、この一方的な考え方が出来るからこそ、男性は多くの天才（科学者、音楽家など）を輩出してきたのですよ。

天才とは1つの分野のことに対して、非常に執着する人間でしょ。

ニュートンなんかは、生涯女性には興味をもたず、研究に没頭したそうですもんね。

これは別に禁欲的なものではなく、彼自身が女性に対してなんの興味ももたなかっただけなのです。

ま、天才とはある意味、欠陥の多い人間であるともいえるのです。

これまでの世の中は、男性脳が作り、心安らぐことのできない競争社会の歴史だったわけです。

「物質的な豊かさ」という１つの目標に対して邁進してきました。

でも今の世の中、一方的な「男性脳的」な考え方だけでは、経済も社会も行き詰まってしまってきているんです。

車を買うにも、家電製品を買うにも、環境対策をしっかり考えた商品が売れている。

周辺視野の広い、女性の考え方です。

男性はその商品しか見ないのです。

その商品が良ければ、他のこと、たとえば梱包材に発泡スチロールを使っていても、少々地球環境に悪い影響を与える企業活動をしていても、その商品を買うのです。

ところが女性たちはちがいます。

その商品だけを見ているわけではないのです。

その商品やメーカーがどんなコンセプトをもっているのか、というのを重要視します。

あるいは、その会社のロゴデザインがいいとか悪いとかで商品を選んだりします。

また、包装紙のセンスの良さなどで、買うお店を選ぶことさえあるのです。

女性は周辺視野が広いのです。

♥お店も細かいところが重要

以前、あるガールフレンドと、とても雰囲気のいいイタリアンレストランで食事をしました。

料理も美味しくて、内装もセンスがいい。

サービスもよかった。

僕も彼女も満足していたのです。

ところが、食事が終わって、デザートになったとき、彼女が言ったのです。

「このお店って、一流を気取っているけど、二流ね……」

「え？」

正直いって、僕は彼女がなぜそういう判断を下したのかまったくわからなかったのです。

一体、何が起こったのでしょう？

「どうして？」

「だってほら……」

彼女の細い指には、コーヒーカップの横についていた、パックのミルクがつままれていたのです。

ほら、よくあるでしょ。

ファーストフードなんかでコーヒーを頼むと、スティックシュガーと一緒についてくるプラスティックの容器に密閉されたミルク。

商品名を言ってしまえば、カンタンに伝わるのですが……。

ス○ャー○という有名ブランドがありますね。

あれです。

「だってファミレスじゃないんだから」

そうなんです、最後の最後でそのお店は、大失敗をしてしまったのです。

でも、僕たち男はどちらかというと、そういうことはあまり気にしないでしょ。

周辺視野が広い女性、独特の感覚といってもいいエピソードです。

女性は細かいところを見ているのです。

男性では気づかない、細かいところが気になる脳の構造になっています。

だから女性を相手にしているお店は、細かいところまで、気を遣いましょう。

細かいところというのは、この場合ですと、コーヒーのミルクですよね。

ファミレスで使うようなミルクパックを出したことによって、今まで構築してきたものが崩れてしまった。

お客さまの立場からいうと、普段とはちがう時間を過ごしていたのが、現実に戻ってしまったわけですよね。

ちょっとした小物で、そういう状況になってしまうことがあるのです。

ですから、テーブルの上で使っている小物や、壁にかかっている額、ディスプレイ、店内に流れているＢＧＭ、トイレの空間などという「細かいところ」に気を遣わなければなりません。

それも、もてなしの一部なのです。

だいたい、人間は視角が30度くらいの範囲しか認識していない、という話もありますね。

ということは、その狭い範囲で目に入ったものは、重要だということです。

内装全体のデザインを気にするお店はよくありますが、お客は一度に全体は見られないのです。

それよりも、お客さまの視角に入る、細かいところを充実させましょう。

特に女性は、細かいところの集積で全体を理解するというのが得意なのです。

だから、細かなところを充実させなければならないのです。

予算がなかったら、全体的には安い素材でも構いません。

でも女性が気にするような部分にお金をかけましょう。

そうです、あの20世紀を代表する、芸術思想家アビ・ヴァールブルクが言ったように、

やっぱり**「神は細部に宿る」**のです。

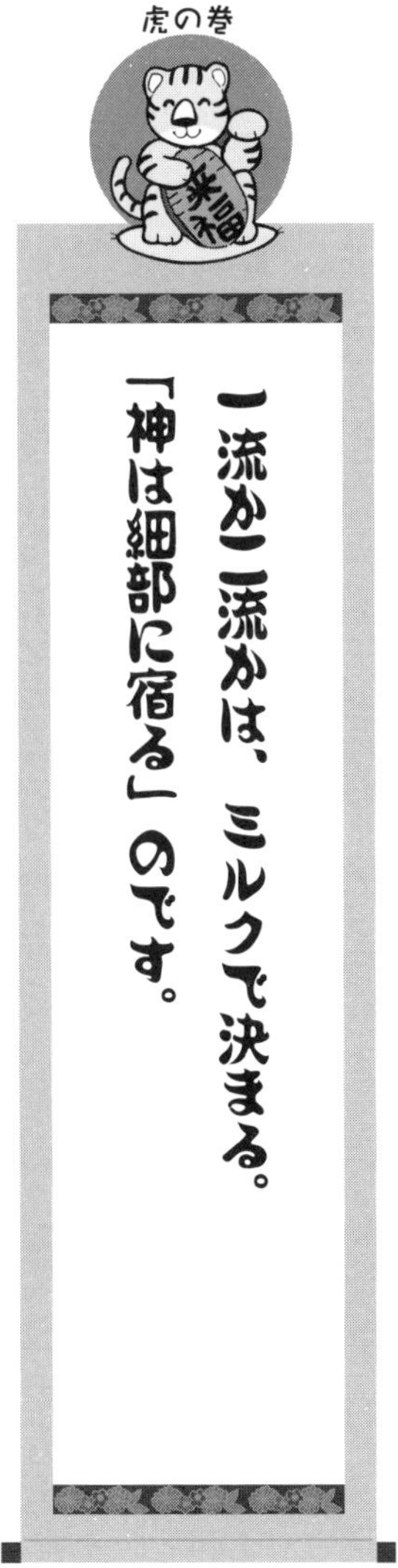
虎の巻
一流か二流かは、ミルクで決まる。
「神は細部に宿る」のです。

7 おとこアタマをリセットしよう

ここでちょっと解説します。

この本で僕が主張をしたり解説をしているのは、女性だけを対象にして、女性になにかを売ったり、女性に対応をするノウハウを言っているのではないってこと。

実は、**「思想改革」**なのです。

世の中に男性が、全く居なくなって女性ばかりの社会になったと言っているのではないのです。

そうですよ、確かに80％の購買の意思決定権が女性に移っていますから、男性が買うものにも、影響しています。

でもね、そういうことを言っているのではなく、従来男性社会の常識にずっぽり浸かっていた常識を、一度破壊してみようってことなんです。

一度リセットして、新しいあなたに進化してみましょう。

結構、タイヘンな提案ですが、やってみる価値はあると思います。

あのコンピューターでも、どうにもならなくなったときはやるでしょう?

強制終了。

でもこの提案は強制終了くらいのレベルじゃなくて、ＯＳを入れ替えるくらいのことです。

考えを変えてみることが重要だってことなんです。

まあ、今まで使っていたウインドウズＸＰをＭＡＣ ＯＳＸに変えるより、もっと凄いチェンジになるかもしれないですけど。

そうです、あなたの頭の中の思考回路を女性の思考方法に合わせてみる。

世界がちがって見えるかもしれない。

そのとき、女性は視野が広くて、大変話好きとか、細かいところにもいつも注意しているとか、女性の身体的な特徴まで考慮するわけです。

さらにね、洞穴時代から受け継がれている潜在的な習性などを充分取り入れてみる。

あなた自身が思考的には女性になりきるわけです。

そうすると、あなたの発想というか、普段の行動が思いっきり変わるわけです。

女性からは仲間と見られますから、大いに歓迎されます。

商売をやったら絶対に受けます。

会社の部下からは、あれ変わったナーと見られます。

もちろん、好感をもたれますから、もてます。

その変化を見抜くのも女性の特技ですから、そしてあっという間に仲間に伝達されます。

何もナヨナヨ歩けとか、手の仕草を女性風に変えなさいといっているのではありません。

頭の思考回路を変える。

視点を変えてみるってことです。

リセットをして、女性的思考に変更してみましょう。

決めればできるのです。

男性的な取引先の人から馬鹿にされるのではないかって？

大丈夫です。

馬鹿にはするかもしれませんが、攻撃は受けません。

よい商品、サービスを提供するかぎり、相手にとって不都合はないでしょう？

女性的思考になったからと言って、取引先に不都合がありますか？

ぼろ儲けはしない、よく説明をしてくれるし、きめ細かな対応をする。

安心感を与えて攻撃的でない。

誰かと組んで、寝返りを打つ心配もない。

女性的な感覚をもった人、特に意識的にそういう訓練をした人、この本を真面目に読んで、実行をした人は強いですよ。

僕が言っているのは、頭をリセットして、意識的に改造をすれば、充分なりきれますということです。

天賦の才に恵まれた特別の人だけの特権ではないのです。

だから啓蒙をしているのです。

やはり、あなたにはしあわせになってもらいたいですからね。

インターネットの威力を上手に使ったら、もう怖い物なしです。

しあわせになります。

ビジネスにしあわせという単語を取り入れてみましょう。

お山の大将ひとりの命令で、組織を動かすために途中に管理職を置いて、前例を重んじて、反省や後悔を明確にしてやるという方式では、コストも合わないし、そういう形で生み出された商品なんか、市場での決定権を握っている女性は見向きもしないんですよ。

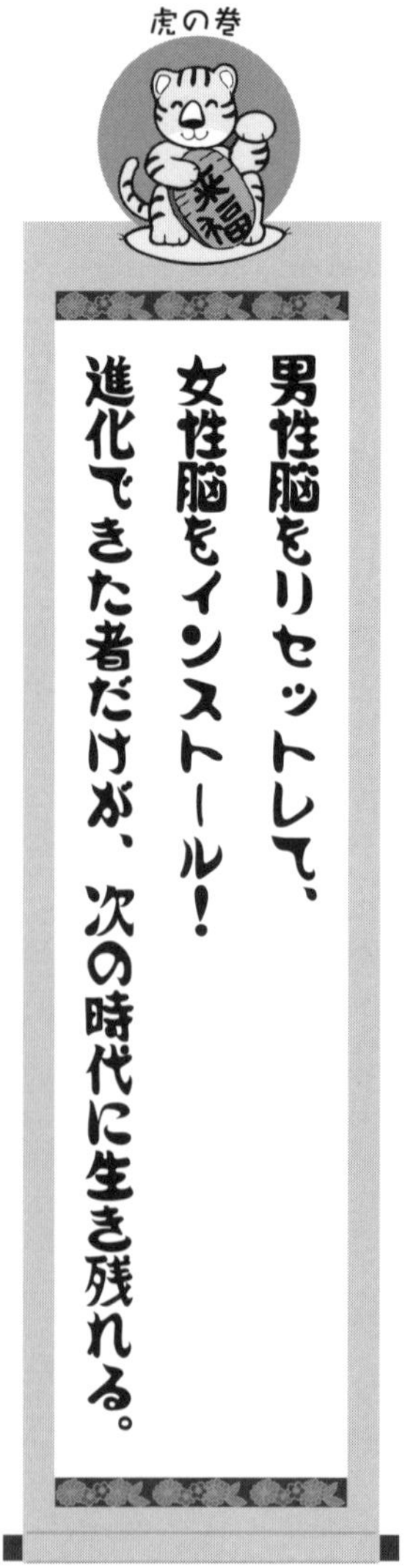
虎の巻
男性脳をリセットして、
女性脳をインストール！
進化できた者だけが、次の時代に生き残れる。

第4章

儲かるお店は「関係性」を売っている！

1 好きな人に会いに行くのに、立地なんて関係ないんです

ここまで、女性客をあなたの会社やお店の虜にするためのノウハウ、恋愛力の高め方を紹介してきました。

前章では、そのための思考プロセスの転換として、5つの法則を解説しました。

この第4章では、5つの法則に勝るとも劣らない、重要なキーワードを1つ紹介します。

5つの法則を「縦糸」にたとえるならば、これから紹介するキーワードは「横糸」になります。

どちらもビジネス恋愛力を高めるためにはなくてはならないものです。

そのキーワードは、**「関係性」**です。

ビジネス恋愛力とは、言いかえれば、お客さまひとりひとりの顔が見える「関係性」をつくることなんです。

これからは絶対に、「関係性」が重要になってきます。

これからは、企業が繁栄していくために、お店が繁盛するために、この「関係性」ということが重要になってくるんですよ。

お客さまと関係性をもてたら、あなたのビジネスは安定します。

だって、１回こっきりの関係ではなくなるからです。

すべてのお客さまと１回こっきりの関係では、ビジネスは継続しません。

何度も関係をもってくれる、つまり、リピートしてくれるから、ビジネスは安定し、儲かるのです。

新規のお客さまばかりを相手にしていたら、お客さまの獲得コストばかりがかかって、経営は安定しません。

余裕など生まれるわけもなく、どんどん体力を消耗していきます。

忘れないでください。

ビジネスとは、恋愛です。

お客さまとはずっとつきあっていくのです。

そのためには恋愛力をもって、お客さまと関係性を構築する必要があります。

お客さまと、どういう関係性を作るか？

商品やサービスに、どういう関係性をもたせることができるか？

メッセージやプロモーションにどれだけ関係性をもたせることができるか？

社会とどういう関係性をもっているのか？

これが企業にとって、最重要になってくる。

あなたの商品やサービス、会社、お店を「関係性」という観点から、見直してみてください。

どうして「関係性」が大切かというと、それは**もう「モノ」は必要なくなったから**です。

僕たちは、もうモノは充分にもっているからです。

以前はモノが多いこと、モノの豊かさが、しあわせを計るものさしでした。

たくさんのモノを手に入れることに、悦びを感じていたわけです。

そして世の中は、大量生産、大量消費を目指し、企業は拡大し、給料もあがりつづけました。

ところが気がつくと、モノがあふれ、必要なモノはみんな揃ってしまっている。

だから必要なモノは、もうほとんどなくなったんですね。

モノが豊かになってしまうと、それにはしあわせを感じなくなったんです。

だからもうモノは欲しくないってこと。

欲しくないモノが、売れるわけない。

でも相変わらず、今まで通りにモノ売りをしているわけです。

そんなのいくら安くたって、欲しくないんです。

欲しくないモノはどんなに安くしても売れるわけないんです。

売る側はそれに気づいていない。

モノを売ろうとするから、モノが売れないってことなんです。


お腹いっぱいの消費者に「モノ」を売ろうとしても、今は売れませんよね。

こんなこと、中学生にもわかりそうなものですけどね。

自分の会社のことになると、大のおとなが、分別がつかなくなるんです。

でもね、人々は満腹でも、消費はしたいと思っているんですよ。

それは必要だから買うんじゃないってことです。

モノがあり余っている消費者に買ってもらうには、買い物をする強烈な理由が必要なんです。

その理由が**「関係性」**なんです。

お客さまは、関係性が深いほうで買うんです。

あるいは関係性が深い人から買うんです。

関係性の深いほうの店に行きたいんです。


あなただってそうでしょ？

たとえば保険。

保険に入ろうとしたら最初に、どこかの保険会社に知り合いがいるかどうか調べませんか？

僕はそうします。

たとえば自動車。

車にこだわりがなければ、知り合いがいるディーラーで買ったりしませんか？

僕は最初ちがいましたけど。

でも一度買った後、ずっとそのディーラーから買っています。


コネってやっぱり重要なんですよ。

まったく知らないレストランに行くより、馴染みのレストランに行くほうがストレスが少ない。
関係性のより深いレストランを選ぶんですね。

同じ商品を買う場合。
お客さまは、関係性の深いところから買うんです。
便利だから買うわけじゃない。
安いから買うわけじゃない。
嫌な店員がいる店より、感じのいい店員がいる店で買うほうがいいに決まっている。
理性や便利さで店を選んでいるわけじゃないんです。
好き嫌いという、実に感情的なことで選んでいるんですよ。

関係性が深いところを選んでいる。

よく、

「ウチの店は立地が悪いから売上があがらないんだよね」

っていうことを言う店主がいますが、それだって本当の理由じゃない場合が多い。

わざわざあなたの店に行くほどの魅力がないってことでしょ。

だって恋愛で考えてみてください。

好きな女性に会いに行くのに、立地なんて関係ないはずです。

その女性が魅力的で、会いたいのなら、どこだって行くんですよ。

お客さまは、どこの店で買ってもいいのです。

それなのに、どうしてあなたの店で買わなければならないのか？

魅力がある店なら、立地なんて関係ないはずでしょ。

売れないのは、あなたの店やあなたに魅力がないからなんですよ。

これを認識してください。

そもそも女性の資質というか、願望の中には、「関係性」を構築することがあるんですね。

お話が好きだとかという現象面からの観察も重要ですが、その底では、他人と「関係性」を結びたいという願望が常に行動を支配しています。

動物の場合は群れをなして行動をするのがいますよね。

羊にしても、イワシにしても、行動を見るだけで明らかですよね。

人間の場合は複雑ですから、関係性をもちたいという願望は、いろいろな形で現れてきます。

マーケティングにしても、女性と一緒に働く場合も、そこら辺を深く意識する必要があります。

たとえばね、女性はブランド品が好きですよね。

なぜかと考えてみてください。

絶対に失敗をしたくないという視点もありますよ。

ブランド品なら、他人にセンスが悪いと馬鹿にされないという考慮もあります。

しかし、深いところで「関係性」を築きたいという願望と関連があるのです。

上から下までシャネルのブランド品を身につけた有名な女優さんがいたでしょう。お金が自由に使える立場だと、あそこまで行ってしまうのです。

あれは、単に人に見せびらかしたいのだなんて、分析をしていると、大きく誤ります。

「関係性」をもちたいんですよ。

それが、ブランドと結合したと考えてみると、いろいろ見えてきます。

女性はお互いの共通点を見つけ出すのに、天才的な冴えを見せます。

ちょうど、クラス会に出席したり、テニスクラブに属したりするみたいに、ブランドを買うというか、身につけるのはそういう感覚なのです。

ですから気に入ったブランドをいったん見つけてしまうと、生涯つきあいたいということになるのです。

スカーフはエルメス、バッグはルイ・ヴィトン、時計はカルチェという使い方は、本当のブランドの使い方ではないのです。

これからは、そういう使い方をすると、「田舎者」ってことになりますから、注意をして見ていてください。

そうでしょう？　やはりおかしいですよね。

デザインの感性がちがうモノをごちゃ混ぜにしていいはずはないですからね。

これは売るほうも買うほうも、まだ対象が「モノ」ですからね。

こういうことになるのです。

「体験」を売ったり買ったりしていれば、こういうことにはならないのです。

「『このスカーフにどのバッグが映えるか』という会話を店員とする体験」が商品であったら、こういうことは起こらないんですよね。

関係性の深いほうから買うんです。

お客さまに〝えこひいき〟してもらわなきゃならないのです。

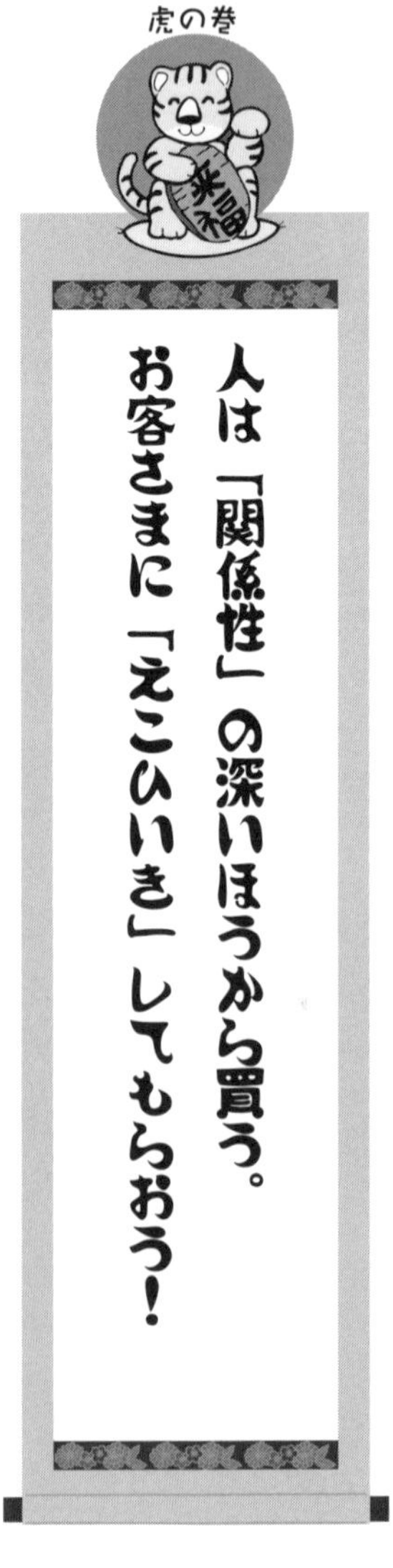
虎の巻
来福
人は「関係性」の深いほうから買う。
お客さまに「えこひいき」してもらおう！

2 お客さまが有効期限切れの割引チケットをもってきたら？

あなたにクイズです。

勉強熱心なあなたならカンタンですよ。

あなたはあるスーパーマーケットの店長です。

そのスーパーではお客さまへのサービスで、お買いあげ金額によって割引券を発行しています。

まあどこでもやっているポイント制度ですね。

５００円で１ポイント。

25ポイントで２００円券１枚発行です。

有効期限は発行日から１カ月。

というものです。
ある日の午前中、店長のあなたはレジ担当のパートさんから呼ばれました。
行ってみると、そこにはお客さまとレジのパートさん。
お客さまは主婦。
200円の割引券を3枚もってきています。
しかしそのうちの1枚が有効期限が切れています。
有効期限は昨日まで。
今日はもう有効期限切れです。
でもそのお客さまは、
「なんとかしてよ」
と言っている。

こういうとき、あなただったらどうしますか?

①なんだ、3枚ももってきて。

３枚もあるんだから有効期限が切れているのはあるはずだよな。

あ～あ、やっぱりそうだ。

ここで許しちゃうと平等じゃないよね。

これは使わせない。

「ともかくこれは使えません。有効期限が書いてありますよね。ダメです」

と言う。

②有効期限切れか……。
でも１日だけだしね。

ま、いいか。

「本来なら有効期限が切れているので使えませんが、今回は特別使えるようにします。以後気をつけてください」

と言う。

③間髪いれずに、

「いつもありがとうございます。本来なら期限が切れていますけど、大丈夫です。どうぞ、お使いください」

と言う。

あなただったら、どういう対応をしますか？

……

……

……

答えはカンタンでしょ。

明白ですよね。

3ですよ。

もちろん。

だってそうでしょ。

このお客さまは3枚も割引券をもってきてるんですよ。

これは、ずいぶんたくさんお買い物してくれているってことです。

あなたのお店にとっては、**ロイヤルカスタマー**ですよ。

①の対応なんてしたら、サービス業としては失格です。
こういう対応は平等なサービスだけど、公平なサービスじゃない。

サービスに平等はないのです。

公平なサービスが重要なのです。

たくさんお金を使ってくれるお客さまには、やっぱり厚いサービスをする。

これって当たり前でしょ。

これは平等ではないけど、公平ですよね。

わずか200円をケチったことによって、そういうロイヤルカスタマーはどういう気持ちになりますか？


「もう二度とこの店では買い物しないわ」

ってことになったら、その店にとって大損害です。

本来なら将来にわたりお金をたくさん使ってくれるお客さまだったのに、それがゼロになるんですからね。

顧客サービスでやっていることが、顧客を流出させる原因になっている。

二度と買ってくれない客を積極的に作りだしているってことでしょ。

ポイントカードとか、割引サービスとか、スタンプカードとか顧客流出を防ぐために、実施しているところがものすごく多いですよね。

でもやるからには覚悟しなければならないのです。

顧客流出を防ぐためにやっている行為が、逆に、顧客を逃している場合があるんです。

さてさて、これは実話なんです。

ウチの家内が経験したことです。

それも①の対応をされたのです。

あなた信じられます?

やれやれ……。

いまだにこんなことが、サービス業でまかり通っていると思うと、売れないのは当たり前だって感じですよね。

「売れない、売れない」と言っているのは、売る側にプロ意識がないってこと。

まさに**「関係性」**です。

これからはこの言葉がキーワードになります。

関係は、コミュニケーションです。

何もコミュニケーションがない店だったら、インターネットショッピングで充分なんですよ。

自動販売機で充分なんです。

そんな店、選ばれるはずないですよ。

面白くないから、魅力がないからあなたの店にお客さまが来ないのです。

あなたの店が立地が悪いからお客が来ないんじゃない、駐車場がないからお客が来ないんじゃない。

あなたの店が、

面白くないから、
楽しくないから、
魅力がないから、

お客さまは来ないんですよ。

もう一度、自分の店や会社が、お客さまにとって「関係性」が深いかどうかをチェックしてみてください。

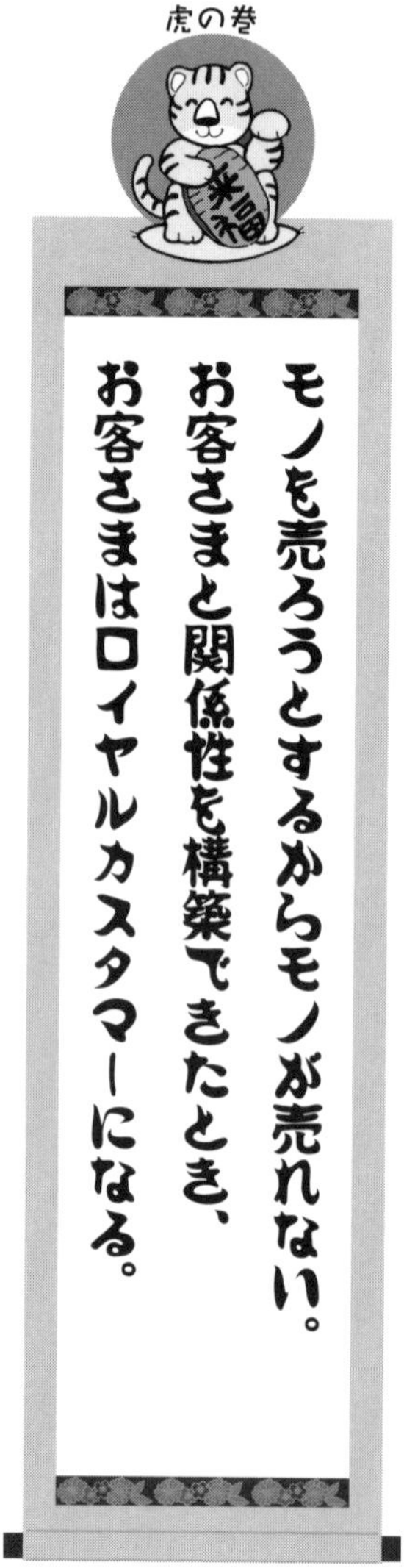
虎の巻
福
モノを売ろうとするからモノが売れない。
お客さまと関係性を構築できたとき、
お客さまはロイヤルカスタマーになる。

3 ラブレターを書くように、ダイレクトメールを書こう！

突然ですが、あなたに質問します。

今度の週末、女性を誘って恋愛映画を観に行くとします。

映画を観た後は、夕食を一緒にし、その後雰囲気のいいジャズバーに行くというプランです。

あなたは周りの女性の中から、その相手を探しているという状況。

さてさて、そのとき……

はじめて誘う女性と……、

一度デートした女性。

どちらのほうがデートできる確率が高いと思いますか？

「なんだ〜？　いきなりふざけた質問しやがって〜」
そう思ったあなた。
ふざけているわけじゃないんです。
マーケティング的にはとっても重要な話につながるので、安心してください。
どっちがデートしやすいでしょうか？
そうですね。
当然、**一度デートしたことのある女性**のほうですよね。

お客さまも、これと同じなんですね。

あなたの会社と一度でも取引があったお客さまのほうが、初めてのお客さまより取引してくれる可能性が高いんです。

一度でも、あなたの店に来店してくれ、購入してくれたお客さまのほうが、初めてのお客さまより、来店してもらいやすいんです。

そうなのにもかかわらず、新規のお客さまばかり見ているお店や会社が多い。

さらに、既存のお客さまのリピート購買のほうが、集客コストもかからない。

新規顧客も重要ですが、ともかく集客するためには、一度以上関係があるお客さまに、まず手紙を出すことからはじめるのが、一番リスクが少なく、成功する確率が高いんですね。


その方法が、**ダイレクトメール**です。


でもね、あなたが想像しているようなダイレクトメールじゃありませんよ。

たくさんのお店や会社が、効果のないダイレクトメールばかり出しています。

これはどういうことかというと、一万円札の束を、ゴミ箱に捨てているのと同じこと。

ダイレクトメールっていうと、多くのお店や会社が、印刷屋さんにたくさんのお金を支払って、デザインされた、ダイレクトメールらしいダイレクトメールを作っちゃうんですよね。

こういう「ダイレクトメールらしいダイレクトメール」は、見た瞬間に、お客さまに自動思考を起こさせるんです。

どういう自動思考か？

「あ、売り込みのダイレクトメールだ」

そして、ぱっと見た瞬間、自動的にゴミ箱に捨てる。

ねっ、お金をゴミ箱に捨てているでしょ。

ダイレクトメールらしいダイレクトメールは、一番やってはいけないことなんですね。

♥どんなダイレクトメールを書いたらいいのか

ダイレクトメールを誰に出すのか?

それは、今まであなたの店を利用してくれたお客さまです。

今まであなたの会社と取引のあったお客さまです。

あなたの店や会社に**「顧客名簿」**などがあったら、それは理想です。

でもそうじゃなくても大丈夫。

以前来店してくれた人、名刺交換した人、昔の友人、そういう一度以上関係をもった人に手紙を出すっていう感覚でやってください。

「顧客名簿」は今からスタートでもかまいません。

そしてダイレクトメールを書いてみる。

ここで注意しなければならないのは、ダイレクトメールは広告ではないということです。

あなたからお客さまへの手紙であることです。

「新装開店！　セール！」

なんていうダイレクトメールはダメです。

ラブレターを書いた頃のことを思い出してください。

ラブレターにいきなり、

「売り出し中！　今がチャンス！　僕は東大卒、年収１０００万円です！　あなたとつきあいたい！」

って書いたら、どうです？

たぶん、うまくいかないですよね。

それよりも、手紙調のほうが効果あるんですよ。

たとえば以下のダイレクトメールを見てください。

＊＊＊＊＊＊＊＊＊＊＊＊＊＊＊＊＊＊＊＊＊＊＊＊＊＊＊＊＊

昨年の秋にラジアルタイヤのミヅ（ミゾの間違いなのですが、原文のまま書きます）をチェックさせていただきました。

その結果、○○さまのミヅが残り少なくなってきていました。

こんにちは。いつも当店をご利用いただいて、ありがとうございます。

所長の□□□□です。タイヤアドバイザーも兼務しています。

「タイヤの話ならきめたからいいよ」と思われたら、ここから先は読まれなくてけっこうです。

あ、まだ読んでいただいてますね。ありがとうございます。

少しタイヤの話をさせてください。

1本のタイヤが地面に接するのは、葉書1枚の大きさです。

葉書4枚に、命を預けているわけで、タイヤのミゾの深さタイヤのゴムの弾力性は、とても大事です。

そこで僕は世界一と自信をもって言える『ミシュランタイヤ』をおすすめ致します。

なんで世界一かと言いますと、
○世界で一番はじめに、着脱可能なタイヤを作りました
○2002年度売上世界一（2003年米誌掲載）
そんな事よりもっと大事な世界一は、
○乗りごこち、静かさ、安定性
○磨耗しにくい（長もちする）
もう少し早く減ってくれると、僕は嬉しいのですが……。

この世界一のタイヤを是非○○様にはいて頂きたいので、別紙見積書の15％割引を致します。

価格は他の店と比べてみて下さい。
新しいタイヤも発売になりましたので、見積書を御持参になり、是非ご来店ください。
お待ちしています。
△△石油株式会社
××SS　所長　□□□□
平成17年2月吉日
追伸：15％割引は3月31日までです。
＊＊＊＊＊＊＊＊＊＊＊＊＊＊＊＊＊＊＊＊＊＊＊＊＊＊＊
これは僕の講演を聞いた、あるガソリンスタンドの所長が作ったものです。
完全手書きで手紙を書いたんですね。

それをモノクロコピーして顧客名簿２００名くらいに送った。
すると、何人かの人が来店してくれた。
そして、タイヤを交換してくれたそうです。
その中のお客さまのひとりが、「前の手紙、字が間違っていたよ」と言ったんですね。
そうです。「ミゾ」と書くところ、「ミヅ」って書いてあった。
この店長、すぐさままた、一度送った２００名に、また手紙を書いたんです。
こんな手紙です。

＊＊＊＊＊＊＊＊＊＊＊＊＊＊＊＊＊＊＊＊＊＊＊＊＊

こんにちは。
ようやく春らしくなってきました。
いつも当店をご利用頂きありがとうございます。

そして、ごめんなさい。

先日さしあげた手紙を書きまちがえてしまいました。

気がつかれましたよね。ごめんなさい。

タイヤのミゾをミヅって書いてしまいました。

3回もミヅと書いて、でもそれを読んだスタッフも、だれも気がつかず、読んでくださったお客さまから言われました。

思いこみとは、こわいものですね。改めておわび致します。

ところで、僕は先日の手紙でも申しましたが、ミシュランが世界一良いタイヤだと思っています。

が、これも思いこみだったらこわいな～っと思い、ミシュラン御使用のお客さまに感想をお聞きしました（別紙をごらん下さい）。

おふたりにお聞きしましたが、大変満足していると言われ、色々とお話をお聞きし、思いこみでなかった事にホッといたしました。

1人でも多くのお客さまに、是非ミシュランをはいてみて頂きたいと思い、また、おたよりを致しました。

別紙のチラシには、10％割引となっていますが、前回、同封致しました見積書を御持参下さい。

手書きで記入してあります通り、15％割引になります。

今年新発売になりましたNEWタイヤも揃っております。

お越しを心よりお待ちしております。

△△石油株式会社
××SS　所長　□□□□

平成17年3月吉日

＊僕の気持ちが少しでもお伝えできたらと思い書きました。
下手な字の手紙を最後まで読んで下さって、
本当にありがとうございます。

＊＊＊＊＊＊＊＊＊＊＊＊＊＊＊＊＊＊＊＊＊＊＊＊＊＊＊＊＊＊＊＊＊＊＊＊＊

この手紙を約200名に2回送って、トータル**22名がタイヤ交換してくれたんです。**

すごいですよね。

もしこの手紙を書かなかったら、いったい何人がタイヤ交換してくれたでしょう?

これって、全然売り込みくさくないでしょ。

普段あなたがお客さまに言うようなことを、書けばいいんですよ。

上手い文章なんて書かなくてもいいんです。

お友達に言うように、お友達に手紙を書くように、そういう感じでいいんです。

また、字を間違ったことにより、次に手紙を出す理由づけもしっかりしている。

たぶん僕はこの所長、わざと間違えたんではないかと思います。(笑)

「思いこみ」から「お客さまの声」につなげるところなんて、見事ですよね。

よく、「拝啓、益々ご清栄の……」みたいにはじまるビジネス文章はもう読まれません。

関係性が重要なんですね。

ダイレクトメールでの「関係性」っていうのはいかに個人を出すか?

そういうことなんです。
いかに**あなたらしさ**を出すかってこと。
ダイレクトメールはあなたから、**お客さまへのラブレター**ってことなんです。
お客さまに思いを伝えましょう。
そうしなきゃ、売上なんてあがらないのです。

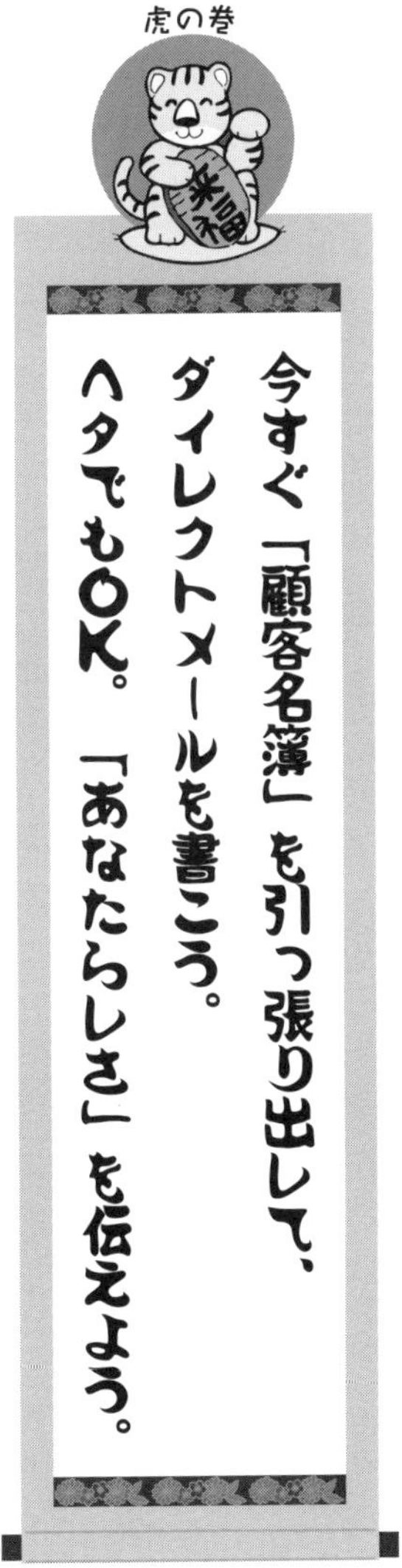
虎の巻
米福
今すぐ「顧客名簿」を引っ張り出して、
ダイレクトメールを書こう。
ヘタでもOK。「あなたらしさ」を伝えよう。

4　ホントは「○○へようこそ！」なんて思ってないでしょ？

「関係性」といって、すぐに思い浮かぶのは、**「接客」**ですよね。
これからのサービス業・接客業は、特に「関係性」が重要になってきます。
こういう体験したことありませんか？

「いらっしゃいませ～！」

店内に入ると、全従業員が大声で叫ぶ。
何か追加注文すると、大声で、

「何番さん、ウーロン茶、注文いただきましたぁ～」

「よろこんで～！」

と、叫ぶ。

帰り際には、全従業員が、

「ありがとうございました～！」

と、またまた叫ぶ。

こういう経験したことありますよね。

特に、チェーン店の居酒屋とかで。

あれは確かに元気よさそうに見えますけどね、いつも、僕は思うんですね。

「接客としては、いかがなものか」って。

おまけにウーロン茶ごときを、そこにいる人たち全員に聞こえるように、叫び合わなくても、いいじゃん、ねぇ。

恥ずかしい……。

「冷奴とお新香、注文いただきました～！」

なんてこと、店中に宣言しなくたって……。

「あそこの客はなんだか安いモノしか注文しない人なんだな～」と、バレてしまうじゃんかぁ。

ああいう店の接客に出合うたびに、なんか居心地悪くなるんですよね。

で、考えてみたんです。

どうして居心地悪くなるんだろう？

そう思って、自分の心の動きを分析してみると、わかったんですよ。

そうか～、これは**全然パーソナルじゃない**からなんですよ。

だいたい「ありがとうございます」っていうのは、感謝する言葉ですから、顔を見て言うものですよね。

それが、テーブルをダスターで拭きながら、こっちのほうも見ないで、言っている。

お話になりませんよね。

「ホントは『ありがとう』、って思っていないでしょ」

ってことです。

ココロの声：

（ホントはさ、ありがとうなんて思ってもいないんだよね。

でも大きな声でそう言わないと店長にしかられるし、ここの時給けっこういいんだよね。

オレここのバイトをクビになったら、彼女に誕生日プレゼント買ってやれないからさ。

だからとりあえず大声で言っているんだよね）

「ありがとうございます！」


全然もてなされていないって感じ。

居酒屋だけじゃなく、ファミレスでもありました。

こういう接客。

店内に入ると、いきなり。

「〇〇〇〇へ、ようこそ」っていうあれです。

お水をもってくるウェイトレスも、「〇〇〇〇へ、ようこそ」って言う、あの有名なところですよ。

「ホントは『ようこそ』なんて思っていないでしょ」って言いたくなる。

実際に言葉では「ようこそ」って言ってるけど、表情はあからさまに、面倒くさそうで、不機嫌。

ココロの声：
（あ～あ、このオジサン、年齢の離れた女の子連れて……。
おまけに女の子酔っているじゃない。どうするつもりだろ。
こんな年齢離れていたら、不自然なカップルなんだから、それだけで怪しいよ。
だいたい、デートにファミレス使うなよ。
でも一応客だからね、言っておかないと）

「○○○○へ、ようこそ」

最近思うんですけど、なんだか接客のしかたが間違っているのに、それに気づいていないところが多い。

接客業の方々。
ショップ、飲食業、ホテル、日帰り温浴施設、水族館、……などなど。
これからの接客は、こんなことではダメになっていく。

マニュアルに頼っていると、こんなことなっちゃうんですね。
どうして接客にマニュアルなんて使うんですかね〜。
マニュアルを使うということは、接客することが、

「記号化」

しちゃうってことなんです。
記号化したら、心はこもりません。
心がこもっていない言葉は、まったく力がない。
伝わらないですよね。

伝わらないことは、存在しないんですよ。

ただの記号化されたモノです。
マニュアルというのは、言葉を記号化しやすい。
逆効果なんです。
マニュアル通りやっていれば、それで安心。

自分で考えることができない。
だから「臨機応変」なんてこと、まったくできなくなってしまう。
サービスの本質は「臨機応変」ですよ。
臨機応変にできなくって、何が接客業だ、って感じですよね。
人とふれあっている、それが接客をしている意味です。
そうじゃなかったら、別に「自動販売機」でいいわけですから。
レストランやホテルなんかは特にそうです。
そういうところの商品は「料理」や「宿泊」だけではない。
そういうこと。
人がサービスしてくれるっていうことにも、お金を払っているわけですからね。

♥チェーン店の接客っていうのは……

接客のことを、以前僕のメルマガに書いたら、友人のリチャードからメールがきました。

リチャードというのはニックネームで、本名は岩下さん。

あの東京のおしゃれな街、自由が丘にある、インテリアショップ「カーサ・ロッサ」の店長さんです。

＊＊＊＊＊＊＊＊＊＊＊＊＊＊＊＊＊＊＊＊＊＊＊＊＊＊＊

スコットへ（注：これは藤村のニックネームです）

こんにちはー！

リチャードでーす。


接客の挨拶、ホントにそー思いますよー！

絶対接客には余計なマニュアル要らないと思います！

どこ行っても心こもってないのが多すぎるから、心こめたらそんだけで、超目立つと思います。

心をこめろというマニュアルは必要だと思います。

宗教書とか道徳書になっちゃうかなぁ。


僕、職場の場所が変わる度に、朝立ち寄ってくる店（外食・ファーストフード・サテン等）が変わります。

でもほとんど何年も同じ喫茶店に通うようにしてるんですヨ。


しかもなんと、１年以上はわざと注文するモノは変えませんね。

そうすると、どんなにスタッフの多い店でも、大概僕の顔と注文の内容くらい覚えますすわねー。

なんか、顔覚えてもらって朝行っただけで、だまって注文のモノが出てくるのが好きなんですね。

ところが、これまで一番バカだったのが、
○○○。

（注：本文ではモロ名前が入ってます。伏せますが、まあ、日本で一番有名な○○○○○○チェーンですけど……）

ただのコーヒーなのに、毎日同じヤツが半年以上ニセ笑顔つくりやがって、「ご注文は？　店内でお召しあがり……？」って聞きやがる。

エライよね。

俺だったら逆に聞くのがすっごく恥ずかしいですわー!!

これには頭来てっていうか気色悪くて、さすがに信条を変えて他の店に行くようにしましたね。

残念なのはEカフェ。

前の会社にいた頃、7～8年前、錦糸町のDコーヒーに通ってました。

3カ月もすると大概のスタッフは僕の「ロイヤルミルクティー」を覚えてくれ

た。

混んで並んでても僕の番が来ると、もうロイヤルができてるわけ。

おまけに当然心から「いつもありがとう」と言ってくれる。

2〜3年したら自然に店長からスタッフまで友達になりましたよ。

ところがですよ。

自由が丘のEカフェ。

（注：もちろん実名でしたが、伏せます）

あかんね！

Dコーヒーと同じ経営なのに、絶対マニュアル教育が「進歩した」せい!!

EカフェがOPENしてから3年経つと思うんですが、OPEN当初からいるスタッフが今日も、

（ホントに）「店内でお召し上がりですか？」でやんの！

それでも、スタッフ個人個人によってもちがいますけどね。

よっぽど他のことを言わないように教育を受けてるんだね!!

気の利いた子は同じ質問しながらわざわざ〝目〟で「いつものあれですよね」って言ってるんですよ。

もうつくり始めたりしてるんです。

だのに本末転倒ですよ!

なんで素直に、

「おはようございます」

の一言で済むようにしてあげないんだろう。

経営者はバカだ。

スタッフの優しい心根や親しみをわざと妨害している!!


まあ、自由が丘のEカフェはかわいい子そろってるから結局許すんだけど……。

でも、むずかしいのがスタッフによって、心をこめられる人とそうでない人がいるっていうこと。

やっぱりふしあわせな人、本当の友達を作れないような人、愛されていない人……は、あいさつがニセものになりますよねー。

いくら一生懸命にやっても、「うさんくさい」波長が出てる。

ウチみたいな接客（打ち合わせ）営業の店舗に限らず、営業と名のつく商売は、相手を、

「〝客〟でなく〝人〟として認められる心の〝豊かさ〟」


のようなものがないと化けの皮がはがれるんですよね。

だからウチはスタッフを人柄で選んでるんです。

でも、面接ではわからないのがこの世界。

どうしたら良い人を探せるか教えて下さーい。

そうそう、その前に、自然と楽しくなるような店にしなきゃね！

スコットに甘えて長文失礼しました。
＊＊＊＊＊＊＊＊＊＊＊＊＊＊＊＊＊＊＊＊＊＊＊＊＊＊＊＊＊＊＊＊

リチャード、ありがとう！
面白いでしょ。
これ。

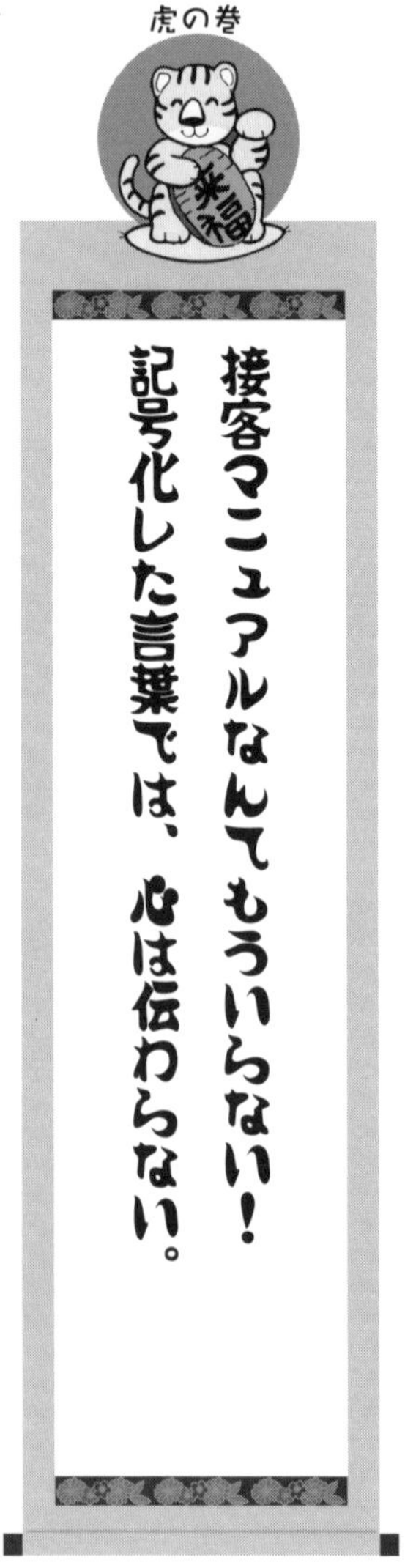
虎の巻
来福
接客マニュアルなんてもういらない！
記号化した言葉では、心は伝わらない。

5 〝しあわせになるカギ〟ください！

じゃ、接客マニュアルでなかったら、どういうふうに従業員教育をすればいいのか？
まずは、お店や会社の、

企業理念
ミッション
コンセプト

などを、従業員と共有することが大事です。

経営者やトップの人たちは、これを繰り返し繰り返し、スタッフに伝えることが、仕事と言っても過言ではないくらい。

そして、伝えるだけでなく、それについて、常に考えさせる「場」を作るということ。

たとえば、あなたが日帰り温浴施設の支配人だとします。

そして、その温浴施設のコンセプトが、

「お客さまに、癒しとやすらぎを提供する」


というモノだったとしますね。

それは一体どういうことか?

それをグループに分け、ブレスト(ブレーンストーミングの略で「脳の嵐」ってこと。ともかくアイディアを嵐のように出す会議手法)させるんです。

月に一度でも、二度でも。

次に必要なのは、「接客マニュアル」ではなく、

「接客ガイドライン」

です。

このちがい、伝わってますよね。

たとえば、マニュアルは、

「お客さまが来店したら、店にいる全員が、大きな声で、『いらっしゃいませ～！』と、叫びましょう」

という、具体的な行動を決めるってことです。

でも、ガイドラインというのは、まずお店などのコンセプトを明確にして、もっと個人の考える余地を残してあげるってことです。

・お客さまが癒しとやすらぎを感じるような挨拶をする。
・お客さまが不愉快に感じない服装をする。
・クレームは誰に対してのクレームでも自分のクレームだと思い、今できる解決策をすぐに実行する。
・あなたがあなたのままが、一番。

などなど、こういうガイドラインを作るんです。
そして、それについて考えてもらうんです。
要は**「考える」**ってことが重要なんです。
コンセプトや企業理念をスタッフの腹に落とし、自分たちで考えられるようになる。
そういう訓練をするんです。
従業員、全員が自ら考えられる。
そういう会社って、すごいと思いませんか？
接客の命は、

「臨機応変」

ってことです。

臨機応変な接客ができるスタッフをたくさん育てる。

それが、圧倒的に価値になるってことは、明白なことですよね。

「人間は教えられるより自分で気づいたほうを実行する」

ということなんです。

♥心からの言葉でなけりゃ伝わらない

僕のガールフレンドが体験した「接客」。

彼女は整体治療院に通っているんですけど、その日、彼女は精神的にも、身体的にも疲れが溜まっていたんですって。

整体治療をしてもらっているとき、貧血になって、気分が悪くなった。

少しその治療院で休んでから、外に出た。

外に出ると、目の前に「沖縄料理」のお店。

沖縄料理は元気になりそう。

貧血気味だし、ちょっと早いけど、お昼ご飯を食べよう、と１人でその店に入った。

ランチの「ゴーヤチャンプルーセット」をオーダーしてから、ふとテーブルを見ると、
そこに、
＊＊＊＊＊＊＊＊＊＊＊＊＊＊＊
「旬！　岩手産　生カキ3個　650円」
＊＊＊＊＊＊＊＊＊＊＊＊＊＊＊
というPOPが……。

「おいしそう……カキって、元気になりそうだけど……あたりはずれがあるからなぁ……

食べたいけど、チャレンジだな……」

と、迷っていた。

そこにお店スタッフがランチをもってきてくれた。

彼女は彼に聞いた。

「このカキ、おいしいんですか？」

するとその青年は、彼女の顔を見てにこっと笑顔になると、

「しあわせになりますよ〜」

と言ったそうです。
これを聞いた彼女は、もうそのひとことで、涙がでそうなほど感激した。彼女曰く、

「思わず、『しあわせ、ください』って感じだったんですよ」

とのことでした。
もちろん彼女が生カキ3個を注文したのは言うまでもありませんね。
すごい接客ですよね。

「接客」っていうのは、本当にむずかしいのかもしれません。
でもね、そう思うとむずかしくなってしまう。
実はとっても単純でカンタンなことなのですよ。

♥僕が体験した、すごい接客

僕が体験した、すごい接客。

とある飲食のチェーン店。

しゃぶしゃぶ屋さんでのこと。

僕は仕事帰りに、友人と3人で、このお店に入った。

最近勢いがある会社がやっている、チェーン店。

そこのウェイトレスを見たとき、思わず……、

「おぉぉ……」


と、心の中で叫んでしまったんです。

彼女が、絶世の美人だったとか、制服がものすごく短いミニスカートだったとか、耳の穴にくちなしの花をつっこんでいたとか、そういう理由じゃありません、念のため。

どうして驚いたかというと、普通に考えると「接客」には向かない外見だったっていうこと。

日本人なのに完全金髪で目の周り真っ黒のメイク。

普通だったら、面接で落とされますよ、確実に。

そういう女性だった。

でも、僕はそのとき思った。


「これは……このチェーン店はただものではない……」


だってそうですよね。

これはどういうことかというと、外見では選んでいないってこと。

面接の時点から、

「茶髪はダメ」

「メイクも自然に」

な〜んて、規制をしている会社がありますよね。

こんなことやっている会社やお店は、どうも信じられない。

でもここはちがうぞ……。

そういうこと。

少し興味がわいてきたので、そのウェイトレスに質問してみました。

「はじめてなんだけど、何がオススメ？」

すると彼女は、ちょっと困ったような表情になっているんです。

「最近メニューが替わって……オススメって言っても……」

「お店のオススメじゃなくて、あなたのオススメは何？」

「え～……でも……」。彼女はちょっと言いよどむ。

「遠慮しなくていいからさ、あなたの好きなの言って」

「そうですか……」。彼女はそう言うと、

「ウチ的にはぁ～」ときりだした。


あはは……正直言って驚きました。

最近の若い女性は自分のことを「ウチ」って言うんだよね。

「『やりいか』が好きかな。普通は少しだけゆでるんだけど、ちょっと長めにゆでると美味しいんです。ウチ的にはぁ～、そのほうが好きです」

「そうなんだ〜、じゃあ、やりいか、３人前」

僕がそうオーダーすると、彼女はちょっと驚いた表情になり、

「マジっすか〜⁉」


と言ったんです。

すごいことですよ。これって。

だって、

「マジっすか〜⁉」

なんて言葉、接客の歴史の中では、絶対に出てこない言葉ですよね。

さらに食事が終わり、彼女がかたづけをしに来たときに、僕が、

「やりいか、とってもうまかったよ」

と言うと、

「ホントですか〜？　めっちゃ、うれしいですぅ！」

と輝くばかりの笑顔でそう言いました。

言葉づかいや、外見は、もしかすると接客には向いていないかもしれない。

でもね、僕はこのとき、ものすごく、

「もてなし」

を感じたんですよ。

彼女が彼女のままで、僕たちのために接客してくれたってこと。

だから言葉にも説得力がある。

なによりも、人間同士のふれあいがあった。

金髪で目の周りが真っ黒でも、ぜんぜん失礼じゃない。

とてもあたたかい気持ちになったんですね。

マニュアルの言葉だったら、こんな感じにはならないですよね。

あとで調べてわかったんですが、目の周り真っ黒の、金髪のウェイトレスのいたこの店。

彼女は人手が足りなくて、しょうがなく採用されたわけではないんです。

ここのチェーン店は、ひとりひとりの「個性」を大切にして採用しているそうです。

スタッフが個性的なことに、価値を見いだしているのです。

よくわかっていますよね。


ここは中小ではなく、外食産業では大手ですよ。

チェーン店を次々と買収して、大きくなっている、有名な会社です。

大手もこういう採用基準を設けているのですから、これからは普通にやっているところは、きっと苦労するでしょうね。

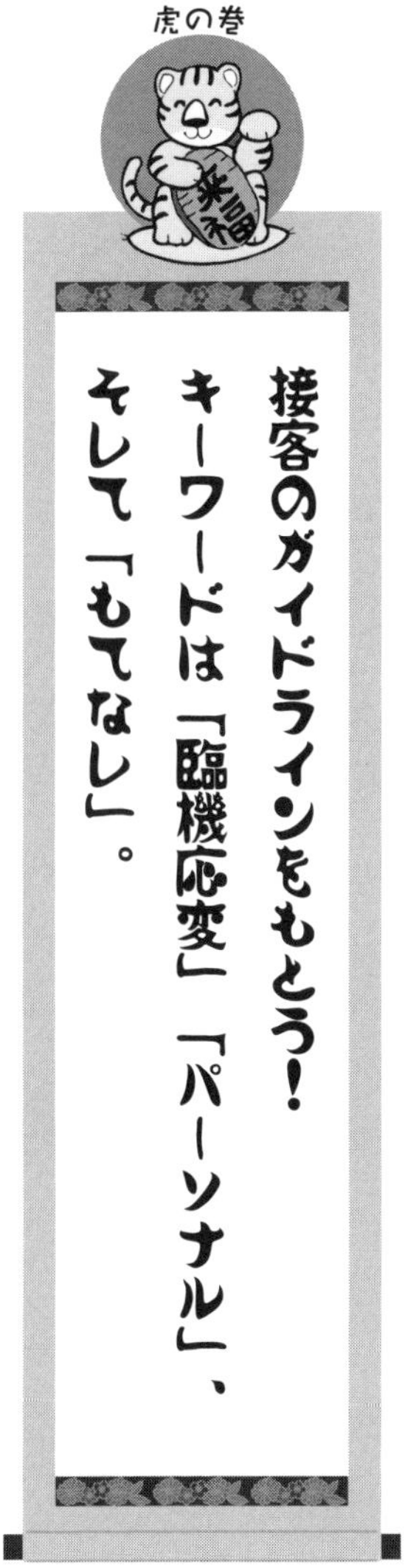
虎の巻
接客のガイドラインをもとう！
キーワードは「臨機応変」「パーソナル」、
そして「もてなし」。

6 「コトバの領収書」のすごい威力！

お客さまとの関係を築く上で、

「ほかの会社とはちがうな」

とお客さまが思ってくれるのは、非常に重要なポイントですよね。

特に、初めて商談に出向いた先でそう思われるのは、想像以上に大事なことなのです。

恋愛においてもビジネスにおいても、**第一印象**というのは、けっこう忘れないものですから。

Ｆ１グランプリで、ポールポジションを獲得したと同じくらい意味があります。

でも、レースでポールポジションを獲るために、チームが必死で予選タイムを縮めようとするように、他の会社と差をつけるためには、今までの方法でやっているだけではダメなのです。

やっぱりいろいろ考えなければ。

初めて営業などでお客さまを訪問した際、この第一印象の価値を絶対的に深くするツールをご紹介しましょう。

先日出合ったモノなのですが、本当にこれはすごかった！

「コトバの領収書」

これは強力な営業ツールだ、と思いましたね。

これを見せてくれた人は、プレジデンツ・データ・バンク株式会社の高橋社長という方なのですが、天才的な営業マンですよ、この人。

実際高橋さんは、この「コトバの領収書」を使って、営業成績を飛躍的に伸ばしたそうなのです。

どういうものかというと、読んで字のごとく、「コトバの領収書」なのです。

これがすごい武器になります。

形状は普通の領収書と同じ、カーボン複写式のよくある形です。

その領収書の左上には「コトバの領収書」と書いてあります。

そしてそれにつづけてこんなことが記されています。

「本日は右の通り有意義なお話を聞かせて戴きました。心の資産として大切に活用させて戴きます」

その下には、日付と時間と場所を書く欄があります。

領収書の中央にはスペースが空けてあり、そこにコトバが書けるようになっているのです。

賢い読者の方は、これでどういうふうに活用するかが、わかったでしょ。

そうなんです。

はじめて商談に行った先で、相手が言ったことで印象に残ったコトバをこれに記し、その相手に差し上げるというものなのです。

商談が終わり帰るときに、この領収書が登場します。

そして、相手が言った良いコトバを書き込んで、

「今日は本当にいいお話を聞かせてもらいました。これ、コトバの領収書です」

と渡すのです。

商談相手は、みんな驚くそうです。

そりゃ、予想もしないことですからね。

思いがけないうれしさになるわけです。

それだけきちんと話を聞いてくれていたんだと、感激する人もいる。

自分の言ったコトバが、大切に扱われているんだと感じるわけですものね。

「コトバの領収書」で、はじめてのお客さまにも、自分の存在を圧倒的に印象づけることができます。

これで次回の商談のアポイントは、確実に取れます。

「あのとき、コトバの領収書を、お渡しした者ですが」

と電話すると、１００％覚えていてくれるそうです。

その領収書の裏には「コトバの領収書をお受け取りになられた方へ」というコメントが

印刷されています。
これがかなり素晴らしい。
全文引用します。

＊＊＊＊＊＊＊＊＊＊＊＊＊＊＊＊＊＊＊＊＊＊＊＊＊＊＊＊＊

本日は有益なお言葉をいただきまして誠にありがとうございます。

言葉は言霊ともいわれるように、人生に大きな影響を与えるほどの力をもっております。この「コトバの領収書」は、そんな有り難い御言葉を、いただいたままにしないために活用しております。貴方様から頂戴いたしましたお言葉は「心の資産」として大切に活用させていただきます。

＊＊＊＊＊＊＊＊＊＊＊＊＊＊＊＊＊＊＊＊＊＊＊＊＊＊＊＊＊

かなり面白い発明でしょ。

「最初は手紙を書いていたんです」と、発明者の高橋さんは語ってくれました。「商談の後、会社に戻ってきて、お礼のお手紙を書いていたんです」

「でもこれは、ものすごい手間と時間がかかるでしょ。そのうち書かなくなったんですね。このままではダメだと思い、考えました。社員といろいろ検討して、手紙だと長く書かなきゃならないから、ハガキに変えようということになったんですね。これだったら文章も短いし、継続できるだろうって。でも、これも長くつづかないんですよ。よくそういうこと言っている本ってあるじゃないですか。あれは嘘ですね。ひとことのハガキだって、つづかないんですから。手書きのハガキやダイレクトメールが、お客さまにインパクトを与えるのはわかりますけど、なかなかつづかない。つづかないことは意味がないですよね」

そこで高橋社長、また考えた。

「つづかないのは、誰が悪いということではなくて、手書きのハガキや手紙というのが、そもそも無理のあるやりかたなんだ。つづけられるしくみを考えよう」

ということになった。

このあたりの思考過程は、ものすごく参考になりますよね。

ただつづかないからやめちゃうというのではなく、しくみを変えようとする考え方。

こういう思考方法をどんどん真似しましょうね。

そして彼はとうとう面白いしくみを考え出すのです。

「そうだ、会社に戻ってから書くから面倒なんだ。商談が終わったときに書けばいいんだ」

そして、そのときに「コトバの領収書」というアイディアが出てきたそうです。

すごいですよね？　このアイディア。

素晴らしい営業ツールです。

営業ツールだけでなく、他にも面白い使い方を話してくれました。

「この『コトバの領収書』は、講演会とかでものすごく効果的なんですよ」と、高橋社長は言います。

「一部上場企業の社長の講演会とかに出席して、講演の中で響いたコトバを領収書に書いて、講演後、名刺交換のときにもっていくんですよ。ずらーっと並んでいる名刺交換希望者の中で、必ず覚えていてもらえるんです」

その領収書を見て、大抵の方は必ず「おやっ？」って感じを受けるのだそうです。

「コトバの領収書？」

「はい、本日はいいお話を聞かせていただきありがとうございます」

そういうときは、後ろにたくさんの人が並んでいますよね、あまり時間がありません。

でも、講師の社長はコトバの領収書に興味を示している。

そのとき、高橋さんは言うのです。

「今度電話差し上げてもいいですか？」

大抵これで、オーケーだそうです。

後日、秘書の方などを通してアポを入れるんですね。

「先日講演会でコトバの領収書をお渡しした、高橋です……」

ほぼ、その方に会えるそうです。

この「コトバの領収書」、お客さまとの「関係性」を深めるような、ツールですよね。

恐るべし、「コトバの領収書」。

♥電話の応対も「記号化」していては意味がない

高橋さん、本当に面白いことを考えています。

コトバの領収書だけでなく、他にも面白いことをさまざまに実行しています。

高橋さん、今はプレジデンツ・データ・バンク株式会社で、企業間のアライアンスに関する仲介、コンサルティング業務をしているのですが、以前は映像製作をするアクロスザユニバースという会社をやっていました。

そのときに発明して、とても役だったことに**「電話の枕ことば」**というのがあるそうです。

これなんか、誰でも明日からスグに応用できる方法です。

これも読んで字のごとく、電話の枕ことばです。

どういうことかというと、会社の電話に出るときに「ありがとうございます、○○株式会社です」っていうところってあるじゃないですか。

あの会社名を言う前の「ありがとうございます」というのが「枕ことば」です。

でもあれって、記号化していることが多いと思いませんか？

「本当にありがとうなんて思ってないだろ」

というようなマニュアル対応ってあるでしょ。

あんなの意味ないですよね。

でも多くの会社がそれに気づかないで、毎日同じことを繰り返している。

高橋さんはそこで考えた。

毎日この枕ことばを変えるということ。

毎日朝礼で、その日の「電話の枕ことば」を決めるのです。

そしてその日は、必ずその枕ことばを言ってから会社名を言う、ということをやったそうです。

たとえばこういうふうに、

・**今日も元気な**、アクロスザユニバースでございます。
・**世界に羽ばたく**、アクロスザユニバースでございます。
・**時空を越える作品を目指して**、アクロスザユニバースでございます。

・**夢を形に**、アクロスザユニバースでございます。
・**総合映像企画制作の**、アクロスザユニバースでございます。
・**自信があります**、アクロスザユニバースでございます。

などなど。

面白いでしょ。

毎日変わるということが、クチコミされて、話題になったそうです。

そのうちにマニアのように、毎日チェックするお客さまがいて、「今日のは4日前とちょっと似ているね」などと言う人が出てきたりして、かなり面白い展開になった。

これだって、お客さまとの**「関係性」**を深める方向ですよね。

それに「今日も元気な、アクロスザユニバースでございます」と言うことになったら、元気がない人でも、元気に電話に出なければならないので、自然に社内が元気な雰囲気になるそうです。

社員のモチベーションが自然にあがっていく。

本当にどんな会社でも、カンタンに即効できることですよね。
ただ、毎日変えていくと、だんだん似てきて困ったと、高橋さんが話してくれました。
毎日変えなくても、週ごとに変えたり、工夫すれば使えそうでしょ。
同質化がモンダイなのです。
他とはちがうってことを目指しましょう。

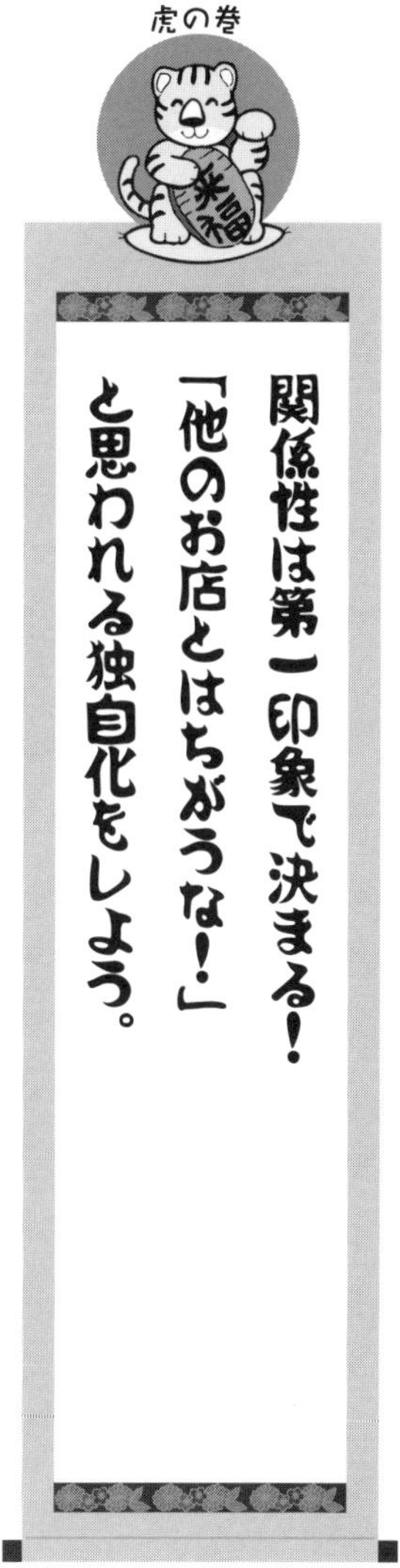
虎の巻
来福
関係性は第一印象で決まる！
「他のお店とはちがうな！」
と思われる独自化をしよう。

おわりに

日本のゴッホといわれたあの放浪の天才画家、山下清画伯がこんな文章を残しています。

「この間ある人に、はたちの人と十才の人とが十ぐらいの罪をおかしたら、十才ははたちの半分だから、その罪も半分の五つぐらいかときいたら、そんなことはないといわれた。世のなかはどうも計算通りにゆかないものだ。女に悪い人がいるのも世のなかの計算間違いからだろうか。」

（『日本ぶらりぶらり』・ちくま文庫）

純粋な少年のこころを持ちつづけた山下清さんにとって、女性というものは無条件に素晴らしい、憧れの存在だったにちがいありません。

僕も男性だから、女性は大好きです。

山下清さんと同じように思います。

女性は女性というだけで素晴らしい存在です。

そして、世のなかは「女性脳社会」になってきている。

それはとってもとてもいい社会なのかもしれません。

戦うとか、競争するとか、戦略とか戦術とか、そういう男性独特のギスギスした、こころの安心が得られない社会とは別の、優しい、穏やかな社会。

人々が共存して、安心な世界。

そういう社会になると、当然ビジネスにおいての「成功の定義」が、今までとはちがうものになります。


よく成功法則を書いた、自己啓発本なんかがありますよね。

ああいう本を読むたびに、なんだか違和感を覚えるんです。成功という定義が「巨万の富を得ること」みたいに書かれているからです。

「圧倒的にお金を稼ぐことが、ビジネスにおいての成功である」

そんな概念です。

いまさら言うまでもないことですが、成功というのはお金だけじゃないですよね。もちろんビジネスですから、儲けなければなりません。孫さんや堀江さんなんかは、すごいと思うし、なかなか他の人にはできないことだと思いますよ。

でもボクはちっともうらやましいと思えないんです。

自分ひとりじゃ使うことができない大量のお金を得ても、それがしあわせかどうか……?

ボクは思うのですが、これからのビジネスには、「しあわせ」というものさしが必要になってくる。

この仕事が好きか？
この仕事をするのが楽しいか？
この仕事に愛情があるか？
この仕事だったらお金が少なくてもやれるか？
いつもワクワクドキドキ仕事ができるか？

そういう基準です。

この本で、女性客に買ってもらうためにはどういう思考方法をしたらいいのか？
そういうことを解説してきました。
これからは女性に受け入れられることが成功の必須条件になっていきます。
そしてそのためには、今までのような男性脳の考え方のままではダメなんです。
もう生き残っていけない。

経済効率を無闇に追い求め大切なことを無視したり、売上至上主義だけで本質を忘れていると、ある日大きな落とし穴に落ちてしまうんです。

これからは「しあわせ」という概念をもった、人間的な要素のあるビジネスが成功します。

ビジネスを通して、しあわせになってください。
仕事を楽しんでください。

あなたのビジネスが圧倒的に輝き
あなたと、あなたの大切な人たちが
しあわせになることを
心から祈っています。

藤村正宏

藤村正宏（ふじむら・まさひろ）

1958年北海道生まれ。フリーパレット集客施設研究所主宰。集客施設の企画に演劇の手法を取り入れて成功。体験を売るという「エクスペリエンス・マーケティング」の考え方で集客施設や企業のコンサルティングを行う。また、各業界で話題になっている無料メルマガ「儲けを生み出す発想のしくみ」を、エクスペリエンス・マーケティングのホームページ（http://www.ex-ma.com）から発信中。主な著書に、『「モノ」を売るな！「体験」を売れ！』『「ニーズ」を聞くな！「体験」を売れ！』『「劇的（ドラマティック）」に「色」で売れ！』『「せまく」売れ！「高く」売れ！「価値」で売れ！』『藤村流 「感動」で売れ！「体験」で売れ！』（以上、インデックス・コミュニケーションズ）、『「企画書」つくり方、見せ方の技術』（あさ出版）、『集客に、お金はかからないのです。』（イースト・プレス）、『五感を使って独自化しろ！』（全日出版）、『若い女性と恋したい』（カナリア書房）がある。

〈連絡先〉
URL　http://www.ex-ma.com
E-MAIL　info@ex-ma.com

なぜ彼女はこの店で買ってしまうのか
女に愛されて儲ける５つの法則

2005年７月１日　第１版第１刷発行

●著者――――――――藤村正宏
●発行者―――――――江口克彦
●発行所―――――――ＰＨＰエディターズ・グループ
〒102-0082　千代田区一番町５
☎03-3237-0651
http://www.peg.co.jp/

●発売元―――――――ＰＨＰ研究所
東京本部　〒102-8331　千代田区三番町３番地10
普及一部　☎03-3239-6233
京都本部　〒601-8411　京都市南区西九条北ノ内町11
PHP INTERFACE　http://www.php.co.jp/

●印刷所
●製本所―――――――図書印刷株式会社

ISBN4-569-63669-1

PHPエディターズ・グループの本

MBA娘 殺人事件

山本御稔 著

シカゴ大学ビジネススクールを舞台に日本人女子留学生「葵」が繰り広げるドタバタ痛快ミステリー。MBA入門書としても必読の一冊。

定価一、三六五円
（本体一、三〇〇円）
税五％

ＰＨＰエディターズ・グループの本

仕事力を高めるコツ５００

ＰＨＰエディターズ・グループ 編

大切なのは、知識より日々の仕事の質を高めること。本書はそのコツを５００紹介する。小さな工夫で大きく変わる、仕事力アップの知恵袋。

定価一、二六〇円
（本体一、二〇〇円）
税五％

PHPエディターズ・グループの本

［決定版］ほんとうにわかる経営戦略

武藤泰明　著

戦略テクニックではなく、欧米や日本の経営実態と歴史的背景を分析した上での実践的な経営戦略論を展開。一歩踏み込んだ入門書。

定価一、八九〇円
（本体一、八〇〇円）
税五％

PHPエディターズ・グループの本

[決定版]ほんとうにわかる経営分析

高田直芳 著

かなり高度な内容に触れつつも、あくまで経営分析入門書として平易な記述をつらぬいた画期的な本。わかりやすく目からウロコなこと必至。

定価一、八九〇円
(本体一、八〇〇円)
税五%

PHPエディターズ・グループの本

深層心理で売る技術

内藤誼人 著

お客の心を理解することが、ビジネスで勝利する秘訣である。本書では、心理学博士が「お客の深層心理をつく売り方」を紹介する。

定価一、四七〇円
（本体一、四〇〇円）
税五％